유엔사무총장

# 차례
Contents

03 유엔사무총장: 사무장 혹은 총장　12 사무총장의 탄생　22 유엔사무총장 지도력의 이해　45 줄 타는 곡예사, 유엔사무총장　88 반기문 유엔사무총장의 지도력

# 유엔사무총장: 사무장 혹은 총장

"나는 치어리더면서 흥행가(Promotor)인 동시에 영업사원 역할을 하면서 빚 수금업자를 겸하고 고해신부 역할을 맡기도 한다. 그리고 감당해야 할 새로운 역할은 앞으로도 계속 생겨날 것이다."

반기문 유엔사무총장의 전임자였던 코피 아난은 유엔사무총장직에 대해 남긴 말이다. 한 유엔주재대사는 유엔사무총장 선출을 앞두고 유엔사무총장이 감당할 복잡한 업무를 지칭하며 다음과 같은 재미난 비유를 남겼다.

"유엔사무총장은 미국 대통령 레이건과 같은 효과적인

의사전달자여야 하고, 고르바초프 같은 개혁가이면서, 키신저 같은 외교관의 자질과 아이코카와 같은 경영자 자질을 갖추어야 한다."

이쯤 되면 유엔사무총장을 이해하는 것이 매우 복잡해지는 느낌이다. 유엔사무총장은 도대체 누구인가? 유엔사무총장은 과연 어떤 사람일까?

만약 유엔 같은 국제기구가 없었더라면 세계의 현재 모습은 지금과는 무척 달랐을 것이다. 물론 유엔이 세계 모든 문제의 해결사 역할을 하는 것은 아니다. 유엔의 구조적인 문제들은 유엔이 여태껏 성취한 많은 업적에도 불구하고 유엔이라는 이름에 '물음표'를 붙이고 있다. 제2대 유엔사무총장을 지낸 스웨덴의 다그 함마르셸드는 유엔의 역할에 대해 다음과 같이 의미심장한 발언을 남겼다.

"유엔은 인류를 천국으로 인도하기 위한 것이 아니라, 지옥에서 구하기 위해 존재한다."

인류의 이상 실현이라는 목표보다는 인류 역사가 참혹해지지 않도록 한다는 현실적인 평가로 볼 수 있다. 그러나 세계화가 엄청난 속도로 전 세계 구석구석에 영향을 주는 21세기에 이르러도 유엔의 역할에 대한 회의는 줄어들지 않고 있다. 이미 2005년에 유엔은 사람의 나이로는 환갑인 60주년에 접어

들었지만 유엔의 효과와 적실성에 대한 공격은 계속되고 있다. 더구나 유엔은 미래에 '초국가 정부'가 되려는 것이 아닌지 하는 의혹도 받고 있다.

**유엔사무총장, 세상에서 가장 불가능한 직업**

유엔은 단명할 것이라는 초기 회의론자들의 시각과는 달리 현재 유엔은 그 전신인 국제연맹보다 장수하고 있다. 환갑이 지난 유엔이 21세기에도 여전히 유효하다는 것을 무엇으로 증명할 수 있을까? 그 열쇠는 유엔사무총장의 지도력에 달려있다고 해도 과언이 아니다.

유명한 정치학자 로버트 콕스는 지도력의 중요성을 소개하며 "국제기구 수장이 행사하는 지도력이야말로 국제기구의 영향력과 권위를 결정하는 유일하고도 가장 중요한 요인"이라고 주장한다. 요세프 쿤즈Josef L. Kunz는 "국제기구 수장의 지도력과 직원 임명이 결국 해당 사무국의 성격과 효율성을 직접 결정한다"고 보았다. 제5대 유엔사무총장인 쿠에야르도 유엔사무총장의 지도력을 살펴보는 것은 곧 "유엔 전체를 평가할 때 결정적인 요소"라고 밝히고 있다. 이러한 관점들은 유엔을 이해하고자 할 때 왜 유엔사무총장을 이해하는 것이 중요한지를 잘 말해주고 있다.

유엔의 효율성을 평가하는 기준이 된다는 중요성 말고도 유엔사무총장은 그 자체가 무척 흥미로운 연구 대상이기도 하다. 현 반기문 유엔사무총장과 함께 사무총장 결선투표까지 간 인도출신의 샤시 타루르Shashi Tharoor 전 사무차장은 유엔사무총장을 "세계를 비추는 거울"이라고 비유한 적이 있다. 사무총장의 행보를 보면 인류의 이상사회 실현에 대해 세계 각국이 보여주는 희망과 확신뿐 아니라 분열과 반목의 현실까지도 볼 수 있다는 뜻이다. 사무총장은 많게는 1년에 반 이상을 해외에서 보내며 평화유지를 위해 노력한다. 그러나 유엔 안보리의 교착상태와 유엔 회원국의 소극적인 지원에 발이 묶이는 모습은 이제 미디어를 통해 누구나 쉽게 볼 수 있는 모습이다. 이러한 관점에서 유엔사무총장은 주권국가를 국제정치의 주요한 행위자로 보는 국제정치학계에, 신선하면서도 독특한 존재임이 틀림없다. 그는 국가를 대표하는 수반이 아님에도 국가수반에 준하는 예우를 받는다. 또한 유엔사무총장은 실제로 세계 각국의 지도자들과 함께 세계 현안을 논의하고, 중대한 결정을 내린다. 주권국가가 하나하나의 행위자인 국제사회에서 유엔사무총장은 무척 예외적인 존재가 아닐 수 없다.

그 밖에도 유엔사무총장은 진정한 의미에서 '국제공무원'이라 불릴 수 있는 유일한 사람이며 "유엔을 대표하고 옹호할 수 있는 유일한 사람"이기도 하다. 유엔의 초대 사무총장인 트리그베 리에는 후임 사무총장으로 취임하기 위해 뉴욕 공항에 도착한 함마르셸드에게 의미심장한 한마디를 건넸다. "함마르셸드, 당신은 '이 세상에서 가장 불가능한 일'을 하도록 지명받은 것이오." 유엔사무총장을 왜 '세상에서 가장 불가능한 직업'이라 여기는지 그 이유를 알아보는 것도 흥미로울 것이다.

## 유엔사무총장의 지도력 이해하기

그렇다면 어떤 방법으로 유엔사무총장의 역할과 지도력을 이해할 수 있을까? 얼핏 들으면 간단해 보이는 이 질문은 실제로 그리 간단하지만은 않다. 그 이유는 바로 사무총장이 어떤 조직이나 기구가 아닌, '인간'이기 때문이다. 역대 유엔사무총장에게는 모두 스스로 사무총장 지도력을 규정할 수 있는 융통성이 주어졌다. 흥미롭게도 유엔 홈페이지의 '사무총장의 역할'이란 글에서도 "유엔사무총장은 스스로 자신의 역할을 정의한다(Each Secretary-General also defines his role within the context of his particular time in office)"고 소개되어 있다. 어떤 방향으로 지도력을 행사할지에 대한 모든 사항이 사무총장 개인의 인식과 결정에 달린 것이다. 따라서 개인마다 보이는 사무총장 지도력의 '들쑥날쑥'함은 유엔사무총장을 이해할 때 무엇보다 고려해야 할 한 가지 특성이다. 이러한 유엔사무총장 개인의 '개성' 때문에 유엔사무총장을 연구한 학자들은 유엔사무총장의 지도력을 표준화하고, 그 지도력을 분석하는 계량적인 분석틀을 만드는 데 어려움을 겪어왔다.

또한 '사무총장'이란 말 자체가 전달하는 자기모순적인 의미는 유엔사무총장을 이해하려는 많은 사람들에게 혼란을 주기에 충분하다. "사무장이 뭐 하는지도 알고 총장의 역할이 무엇인지도 아는데, 도대체 '사무총장'은 무엇인가?"라고 누군가가 비꼰 것처럼, 유엔사무총장을 이해하는 작업은 분명 쉽지 않은 과제처럼 느껴진다. 그렇다면 우리는 어떻게 유엔사무총장의 지도력을 이해할 수 있을까?

이 책에서 시도하려는 것은 이처럼 복잡한 유엔사무총장을 이해하는 도움이 될 몇 가지 관점을 제공하려는 데 있다. 앞서 말했듯이 유엔사무총장의 지도력은 개인의 특성이 강하게 반영되기 때문에 수량적이거나 객관적인 접근보다는 더욱 질적이고 주관적인 접근이 필요하다. 따라서 각각의 사무총장 이름을 입력하면, 해당 사무총장 지도력에 대한 '값'이 출력되는 어떠한 법칙은 없을 것이다. 다만 '왜 사무총장들은 특정한 방식으로 행동할 수밖에 없었을까?' 혹은 '어떤 유엔사무총장은 왜 그러한 역할을 했는가?'와 같은 질문들에 더욱 수월히 답할 수 있게 만드는 기본 시각을 생각해보려 한다. 우선 그동안 유엔사무총장에 대한 연구가 어떤 방향에서 진행되어 왔는지 잠시 살펴보자.

### 유엔사무총장에 대한 관점들

유엔사무총장에 대한 연구는 대체로 유엔이 성립된 초창기에 집중적으로 이루어졌다. 초기의 관심사는 '유엔사무총장은 과연 정치적인 성격을 가지고 있는가?'였다. 전반적으로 '행정가' 성격이 강했던 국제연맹(League of Nations) 사무총장과 비교해 국제연합 사무총장의 '정치가' 성격이 과연 타당할 것인지가 주된 연구주제였다. 또한 정치적인 특성이 허용된다면 얼마만큼 정치적 영향력을 행사할 수 있는지도 뜨거운 논란 거리였다. 이런 논란은 제1대와 제2대 유엔사무총장이었던 트리그베 리에와 다그 함마르셸드의 적극적인 '정치가' 역할을 통해 어느 정도 정리가 되었다.

이후 유엔사무총장에 대한 연구 관점은 '유엔사무총장의 지도력은 어떻게 행사되는가?' 혹은 '어떠한 변수들이 사무총장의 지도력에 영향을 주는가?'와 같은 질문으로 옮겨간다. 이러한 관점에서 대다수의 저작들은 정치 환경이 유엔사무총장 지도력의 영향력을 규정하는 궁극적인 변수라고 분석했다. 실제 사무총장직을 수행하는 개인의 특성에 대해서는 현저히 무관심했다. 결국 사무총장을 둘러싼 국제정치 환경은 독립변수로, 그에 따른 사무총장은 단순한 종속변수로 여긴 것이다.

하지만 이러한 환경결정론적 관점은 유엔사무총장의 지도력에서 중요한 '인간적 요소'를 전혀 고려하지 않고 있다. 물론 유엔사무총장은 여러 유엔 회원국의 이해관계에 어느 정도 영향을 받지만, 스스로 지닌 개인적 특성 – 장점과 약점, 관심사와 야망, 구상과 가치들 – 또한 사무총장의 지도력에 일정한 영향을 주고 있다. 유엔 역사를 보면 유엔사무총장이 취한 특정한 행동들이 오히려 유엔 안보리의 결정을 유도하거나 미궁에 빠진 국제협약의 타결에 결정적 기여를 한 사례들을 볼 수 있다. 앞으로 살펴보겠지만 초대 사무총장 트리그베 리에가 한국전쟁을 남한에 대한 북한의 무력도발이라고 규정하고 유엔 회원국의 군사적 조치 필요성을 강력히 주장한 것이라든지, 제5대 사무총장 쿠에야르가 10여 년간 진전이 없던 국제해저조약(International Seabed Regime)의 결성에 촉진자 역할을 한 것 등이 좋은 사례이다.

유엔사무총장을 지도력 유형으로 분류한 『From Manager to Visionary: The Secretary-General of the United Nations』의 저자인 켈리는 사무총장을 관리자, 전략가 및 비저너리Visionary 세 그룹으로 분류한바 있다. 각 사무총장의 언론 발언, 안보리에서 적극적인 의사개진 등의 항목을 계량화해 산출된 값으로 지도력 특성을 규정지었다. 그 결과 관리자의 유형은 제4대 사무총장 발트하임, 전략가는 제7대 사무총장 코피 아난, 비저너리는 제2대 사무총장이었던 함마르셸드를 꼽았다. 하지만 유엔사무총장의 인간적 특성에 기반을 둔 지도력 이해는 자칫 잘못하면 '영웅론적 해석'으로 빠질 위험도 있다. 영웅론적 해석이란 지도력을 설명하는 한 가지 방법으로 '남보다 더 고유하고 현저한 특성을 보유한 영웅만이 지도자'라는 관점이다. 하지만 유엔사무총장 선출 과정과 이를 둘러싼 강대국들의 전략을 살펴보면 오히려 '영웅'이 아닌, '보통사람'이 선출되게끔 되어있다는 사실을 기억할 필요가 있다.

이러한 두 가지 극단적인 관점(환경결정론적 시각과 영웅론적 시각) 사이에 다양한 연구가 있어왔는데, 최근에 떠오르는 견해는 두 요소가 서로 영향을 주고받는다는 관점이다. 즉 유엔사무총장의 지도력은 총장 자신의 지도력과 그가 속한 환경이 서로 영향을 주고받는 관계를 통해 형성된다는 논리다. 어떤 한 요소를 독립변수, 다른 요소를 종속변수로 보려 하지 않고, 두 요소가 상호작용을 통해 새로운 관계변수를 창출하는 것으로 보는 시각이라 할 수 있다. 사실 독립-종속 변수를 통해 우리가 볼 수 있는 것은 인과관계에 불과하다. '어떤 이유 때문에 사무총장은 이렇게 행동했다'는 식의 단절된 이해만이 가능하게 된다. 이와는 달리 '정치 환경과 개인의 지도력' 관계변수를 통해 유엔사무총장을 보면 "사무총장이 실제로 운신할 수 있는 범위"를 파악할 수 있다. 즉 '단절된 이해'가 아니라 '전체적 조망'이 가능해지는 것이다.

# 사무총장의 탄생

**국제기구의 탄생과 사무총장**

　유엔사무총장의 탄생에 대해 알기 위해서는 우선 간단하게라도 국제기구의 탄생에 대해 알아볼 필요가 있다. 사무총장이라는 직위도 국제기구라는 조직이 있기에 존재하기 때문이다. 국제기구의 탄생과 발전은 지극히 짧은 역사 속에서 이루어졌다. 국가를 중심으로 움직이던 세계에서 국제기구가 역사의 무대에 등장한 것은 길게 잡아도 200년이 넘지 않는다. 산업혁명과 무역의 발달로 유럽은 각국의 왕래와 이동이 잦아져 공동으로 협력해야 할 필요성을 느끼게 되었다. 특히 라인강을 공동으로 사용하는 독일과 프랑스가 1804년에 만든 '라인

강 중앙위원회(the Central Rhine Commission)'는 국제기구의 효시라고 볼 수 있는 조직이다. 국지적인 협력체를 통해 국제기구의 경험을 쌓은 유럽 각국은 드디어 1865년에 현대적 국제기구라 할 수 있는 국제전신연합(International Telegraphic Union, 1932년에 현재의 국제전기통신연합으로 개편)을 창설한다. 이러한 흐름은 1874년 각국의 우편교류를 통해 문화, 경제, 사회 교류를 촉진할 국제기구 설립으로 이어진다. 이것이 바로 현존하는 '최고령' 국제기구, 만국우편연합(Universal Postal Union)이다.

통신, 교통 등 전문적인 분야에서 국제기구가 형성됨과 동시에 19세기 후반에서 20세기 초에는 '평화와 안보'와 관련한 국제기구의 필요성이 논의되기 시작했다. 특히 당시 제정 러시아의 니콜라스 2세가 유럽 각국 군축의 필요성을 느껴 제안한 1899년 제1차 헤이그평화회의와 1907년의 제2차 헤이그평화회의(당시 대한제국의 이준과 이상설이 밀사로 파견된 국제회의)는 그 성과와는 별도로 개별 국가들의 평화적인 대화협력체 구성가능성을 입증했다. 그리고 1914년 발발한 제1차 세계대전의 대가를 지불하고 나서야 본격적인 '평화와 안보'를 책임질 국제기구가 창설된다. 특히 우드로 윌슨 미국 대통령이 '평화를 위한 14개 조항'의 마지막 14번 항목에서 '국가들 간의 연합체' 결성을 강력히 촉구하면서 급물살을 탄다. 이는 결국 1919년 파리평화회의를 거쳐 1920년 국제연맹(League of Nations) 탄생으로 이어진다. 유엔의 전신인 국제연맹에서 드디어 사무총장의 역할이 역사의 전면에 등장하게 된 것이다.

### 숙고 끝에 나온 이름, 사무총장

처음 국제연맹에서 사무국을 총괄하는 사무총장의 존재를 논의할 때 공식적인 호칭에 관해 갑론을박이 있었다. '총서기 혹은 서기장'이라는 이름과 함께 '의장'이라는 더욱 정치적이고 권위적인 호칭도 제안되었다. 결국 '사무총장'이라는 더 유연하고 모호한 명칭으로 귀결되었지만, 이러한 호칭은 국제연합이 탄생하면서 다시금 불거진다.

국제연합을 창설하기 위해 모인 창시자들은 처음에 정치 업무를 관장할 '총재'와 행정 업무를 맡을 '사무총장'의 쌍두체제를 논의했다. 국제연맹이 겪은 오류 재발을 막기 위해 고안한 것이다. 하지만 정치와 행정을 깔끔하게 구분할 수 없었고, 두 직위가 상호 충돌할 수 있다는 우려로 정치적 성격과 행정적 성격을 모두 포함한 1인 체제로 결론짓는다.

그리고 그 1인에게 어떤 호칭을 붙일지에 대해 다시 토론이 벌어졌다. 국제연합의 산파 역할을 하던 미국의 루즈벨트 대통령은 '세계의 중재자'란 표현을 선호했는데, 이미 종교계에서 사용하던 명칭이어서 채택되지 못했다. 루즈벨트는 국제연맹에서도 사용된 사무총장이라는 명칭이 세계에서 가장 중요한 국제기구 수장의 직함으로는 너무 '겸손한' 명칭이라고 생각했다.

## 유엔사무총장에게 붙은 다양한 별명

 유엔사무총장에게 붙은 별칭들을 통해 유엔사무총장의 역할이 무엇인지 흥미롭게 엿볼 수 있다. 먼저 '평형추'라는 별명에는 유엔사무총장을 제3자의 입장에서 균형을 잡는 균형자라고 보는 시각이 배어있다. 또 한 가지 의미인 '부족한 중량을 채우는 보충물'로서 유엔사무총장은 주권국가들의 관계가 마찰 없이 흘러가도록 하는 윤활유와 같은 성격을 뜻한다.

 '블랙박스'는 온갖 복잡하고 해결하기 어려운 국제 문제들을 유엔 회원국들이 유엔사무총장이 해결하도록 위임한다는 뜻에서 붙인 별칭이다. 물론 유엔사무총장은 모든 문제를 해결할만한 역량이 있는 것이 아니기에 제7대 사무총장 코피 아난이 유머를 곁들여 말했듯이 종종 '희생양'이 되기 쉽다. 그는 "유엔사무총장(Secretary-General)을 뜻하는 영문 이니셜 SG의 진짜 뜻은 희생양(Scape-Goat)"이라고 말했다.

 마지막으로 '세속 교황'라는 별칭은 언론에도 자주 나타나는 표현이다. 유엔사무총장의 발언 등이 바티칸 가톨릭 교회과 같은 도덕적 권위를 가지고 전 세계에 받아들여지지만, 실제 힘은 미약하다는 뜻이다. 한번은 스탈린이 교황을 만난 자리에서 자신의 힘을 과시하듯 다음과 같은 질문을 한 적이 있다. "교황이 직접 명령해서 움직일 수 있는 군대는 몇 개나 되시죠?" 교황의 상징성은 인정하지만, 실제 힘은 없지 않느냐는 스탈린의 소아적 발상인 셈이다.

위에서 살펴본 몇 가지 다양한 별칭의 의미는 그만큼 유엔사무총장의 역할이 다양하고 복잡하다는 것을 의미한다. 초대 유엔사무총장이 왜 유엔사무총장이라는 '직업'을 '세상에서 가장 어려운 직업'이라고 했는지 이해되는 대목이다.

## 유엔사무총장 역할의 근거

유엔사무총장의 역할에 대한 근거는 무엇보다 유엔헌장에서 찾아볼 수 있다. 우선 유엔헌장 제15장의 97-100조가 유엔사무총장과 직접 관련된 조항이다. 97조에 따르면 유엔사무총장은 '수석행정관' 지위를 가지고 있다. 유엔 사무국의 모든 직원에 대한 인사권과 행정의 최고 결정권자라는 뜻이다. 이 부분만을 놓고 보면 유엔사무총장은 행정가에 불과한 것으로 비칠 수도 있다. 실제로 이 근거에 따라 유엔사무총장의 정치적 행보를 비난하는 비판가들이 많다.

98조에 따르면 사무총장은 사무국의 대표이긴 하지만, 유엔의 4개 주요기관이 부여하는 임무를 수여한다고 규정되어 있다. 또한 '유엔사무총장 연례보고서'라는 이름으로 해마다 유엔총회에서 전년도 사업에 대한 결과와 진행사항을 보고한다. 이는 유엔사무총장이 유엔의 전반적인 업무에 개입하고, 영향력을 끼칠 수 있는 좋은 통로가 되어왔다. 다음 100조를 살펴보면, 유엔사무총장의 국제공무원 성격과 지위가 명료하게 선언되어 있다. 흔히 중립성 또는 비당파성(impartiality)이라 불리

# 유엔헌장

### 제 15 장 사무국

제 97 조 사무국은 1인의 사무총장과 기구가 필요로 한 직원으로 구성한다. 사무총장은 안전보장이사회의 권고로 총회가 임명한다. 사무총장은 기구의 수석행정관이다.

제 98 조 사무총장은 총회, 안전보장이사회, 경제사회이사회 및 신탁통치이사회의 모든 회의에 사무총장의 자격으로 활동하며, 이러한 기관에 의하여 그에게 위임된 다른 임무를 수행한다. 사무총장은 기구의 사업에 관해 총회에 연례보고를 한다.

제 99 조 사무총장은 국제평화와 안전 유지를 위협한다고 자신이 인정하는 어떠한 사항에도 안전보장이사회의 주의를 환기할 수 있다.

제 100 조

1. 사무총장과 직원은 임무를 수행할 때 어떠한 정부 또는 기구 외의 어떠한 다른 당국에서도 지시를 구하거나 받지 않는다. 사무총장과 직원은 기구에 대해서만 책임을 지는 국제공무원의 지위를 손상할 우려가 있는 어떠한 행동도 삼간다.

2. 각 국제연합회원국은 사무총장 및 직원의 전적으로 국제적인 성격을 존중할 것과 그들이 책임을 수행할 때 그들에게 영향을 행사하지 않을 것을 약속한다.

는 이러한 요건은 유엔사무총장의 지도력이 끼치는 영향력의 근원이기도 하다. 하지만 일단 중립성을 어겼다고 비판을 받으면 유엔사무총장의 입지는 치명적인 타격을 받게 된다.

마지막으로 유엔사무총장 지도력의 핵심이 되는, 또한 그만큼 많은 논란이 되는 유엔헌장 99조를 알아보자. 유엔사무총장은 국제사회를 위협하는 어떠한 사항이라도 안전보장이사회를 소집해 의제를 설정할 수 있다고 나와 있다. 여기서 관건은 '그 자신이 인정하는'이라는 유엔헌장의 표현이다. 예를 들어 2개국 이상이 관여한 전쟁이라거나, 1000명 이상의 피난민이 발생하는 내전사태 등 어떤 기준이 있는 것이 아니라 순전히 유엔사무총장 개인의 의견에 따라 의제를 설정하고 국제사회의 논의와 행동을 이끌어낼 수 있다는 뜻이다. 이 부분이 앞서 97조에서 '수석행정관'으로 규정된 사무총장의 역할을 더 적극적인 행위자로 만드는 근거가 되고 있다. 국제연맹의 헌장 격인 '국제연맹 규약'에는 99조와 같은 성격의 사무총장 역할이 나와 있지 않다. 그만큼 유엔헌장 99조는 유엔사무총장만이 갖는 독특한 '정치적 권리'라고 볼 수 있다. 이러한 배경으로 유엔 창설을 준비한 국제연합준비위원회(the Preparatory Commission of the United Nations)는 유엔헌장 99조를 가리켜 "국제기구의 수장에게 여태껏 준 어떤 권한도 능가하는 특별한 권리"라고 언급했다.

# 유엔사무총장 취임선서

유엔사무총장으로 선출되면 유엔총회에서 선서하는 구절이 있는데, 이 선서와 함께 유엔사무총장의 공식적인 임기가 시작된다. 반기문 사무총장은 역대 처음으로 미국 대통령이 성경에 손을 얹고 취임선서를 하는 것과 비슷하게 유엔헌장에 손을 얹고 취임선서를 했다.

취임선서는 유엔총회 의장이 직접 주관한다. 취임선서 내용은 유엔의 전신인 국제연맹에서 사용한 것과 비교해, 다만 기구의 명칭이 '국제연맹'에서 '국제연합'으로 바뀌었을 뿐 다른 내용들은 모두 같다. 유엔 직원들도 직원으로 임명되었을 때에 동일한 내용의 선언에 대해 문서상으로 '선언'을 하고 친필 사인을 하게끔 되어 있다.

나 반기문은 유엔사무총장으로서 부여된 역할을 충직과 지각, 양심을 모아 행사하며 어떤 정부나 외부기관의 지시를 추구하거나 받아들이지 않고, 유엔의 이익을 위해 행동할 것임을 엄숙히 선서한다.

– 2006년 12월 14일 반기문 유엔사무총장 취임선서 내용

## 지휘자로서 유엔사무총장

유엔사무총장을 빠르고 쉽게 이해할 수 있는 방법은 오케스트라 지휘자를 떠올리는 것이다. 오케스트라 지휘자와 유엔사무총장은 놀랍게도 비슷한 점이 많다. 지휘자의 역할은 다양한 연주자들을 인도해 하나의 협주된 음악을 내도록 하는 것이다. 지휘자는 악기를 연주하지 않지만, 악보대로 각 연주자들이 최대한 역량을 발휘하도록 돕는다. 유엔사무총장의 역할도 그와 같다. 자신은 돈이나 자원, 군대와 같은 '악기'가 없지만, 유엔헌장이라는 '악보'에 따라 유엔 192개 회원국이라는 '연주자'들의 연주를 돕는다. 192개 회원국이 있기에 그만큼 다양한 악기의 소리, 즉 각국의 다양한 이해관계를 유엔의 목표인 세계평화 유지와 안보를 위해 조화로운 음색으로 창출해내야 하는 것이 사무총장의 주요 역할이다.

하지만 20-30명의 연주자를 거느린 지휘자가 겪는 스트레스와는 견줄 수 없을 정도로 유엔사무총장은 192개 '연주자'들을 상대해야 하는 막대한 책임이 있다. 또한 몇몇 연주자들이 악기 연주를 거부하면 지휘자에게도 책임이 따르는 것처럼 유엔사무총장도 유엔 회원국의 비협조적인 태도 때문에 유엔활동의 파행에 책임을 져야 하는 경우가 많다. 코피 아난의 말처럼 손쉽게 '희생양'이 되는 것이다. 연주자가 아닌 지휘자로서 유엔사무총장은 연주자들이 악기 연주를 거부할 때 이를 강제할 방법이 없다. 따라서 유엔사무총장과 유엔 회원국들,

특히 안전보장이사회의 다섯 상임이사국 사이에는 미묘한 신경전이 펼쳐진다. 유엔헌장에 명시된 '유엔의 꿈'인 평화와 안보가 확고한 세계는 과연 연주가 가능한 악보일까? 그 부분적인 대답은 유엔사무총장이 펼치는 '지휘자' 혹은 '조율사'의 역할에 달려있다고 해도 과언이 아니다.

# 유엔사무총장 지도력의 이해

**유엔사무총장 특성 1: '변화무쌍'**

 유엔사무총장의 지도력을 이해하기 위해 필요한 첫째 특성은 유엔사무총장직의 '변화무쌍'함이다. 즉 유엔사무총장은 자신의 방식대로 사무총장직을 수행할 수 있다는 뜻이다. 이미 유엔헌장 등에 사무총장의 역할과 한계가 명시되어 있는데, 왜 변화무쌍한지, 근거는 무엇인지 의아해 할 수 있다. 재미있게도 그 근거 또한 유엔헌장에서 찾을 수 있다.

 그 근거는 바로 '유엔헌장의 모호성' 때문이며, 모호성에서 필연적으로 생기는 '해석의 여지'가 있기 때문이다. 국제연맹의 뼈아픈 실패를 교훈으로 그와는 다른 대비책을 만든 국제연합의 설계자들은 유엔헌장을 유연하고도, 급변하는 현실에 맞추어 발빠르게 대응하도록 설계했다. 그 결과 유엔헌장은 유엔의 구조, 각 기관의 주된 임무 등은 밝혔지만, 나머지 구체적인 분야에 대해서는 대체로 모호하고 포괄적인 내용에 그치고 있다. 어차피 모든 내용을 유엔헌장에 담을 수 없기 때문에 핵심적인 원칙과 방향만 제시한 뒤, 나머지 언급되지 않은 내용들에 대해서는 해석의 여지를 남겨둠으로써 융통성을 확보한 것이다. 현실에서 일어나는 구체적이며 또한 전례가 없는 새로운 상황들에 대응하기 위해 모호성은 적극적으로 해석되어야 할 필요가 있다.

이러한 모호성은 유엔헌장이 당시 51개 회원국의 동의를 받으려고 되도록 논란을 일으킬만한 구체적이고 복잡한 내용은 삭제했기 때문이다. 이러한 배경으로 1945년 샌프란시스코에서 열린 유엔 첫 회의에서 "유엔의 주요 기관들(유엔총회, 안전보장이사회, 경제사회이사회, 신탁통치위원회, 국제사법재판소, 사무국)은 각자의 구체적인 역할에 관해서는 관련된 유엔헌장 조항을 해석해야 한다"는 권고가 이루어진 것처럼 '해석의 여지'가 인정된 것이다. 유엔의 사법기관 역할을 하고 있는 국제사법재판소(International Court of Justice)도 초창기인 1950년 "현대 국제사회가 가파르게 변하는 시대임을 감안한다면, 대체로 정적이었던 시대에 체결된 과거의 국제조약과 국제법 등은 오늘날의 관점에서 그 의미와 뜻을 재해석해야 한다"고 권고한 바 있다.

제2대 사무총장이었던 함마르셸드는 사건을 관장하는 판사의 비유를 들어 유엔사무총장의 '해석자' 역할을 묘사한 바 있다. "판사가 법을 해석해 구체적인 사건에 적용하는 것처럼 유엔사무총장도 유엔헌장에는 언급되지 않은 새로운 문제가 생길 때마다 헌장의 해석을 통해 문제의 해결책을 찾아야 한다." 결국 유엔사무총장은 자신의 고유한 가치와 세계관으로 나름대로 법적 해석을 통해 유엔사무총장 지도력을 행사한다는 것이다. 같은 법을 두고서도 판사에 따라 다르게 해석하는 것처럼, 사무총장의 역할에 대한 모호한 유엔헌장의 해석에 따라 다양한 방식의 유엔사무총장 지도력이 나올 수 있다는 말이다.

이러한 구체적인 '해석' 사례로 초대 사무총장이었던 트리그베 리에의 재미있는 일화가 있다. 리에는 앞서 살펴본 유엔헌장 99조를 유엔사무총장이 사용할 수 있는 '핵폭탄'으로 묘사하면서 "핵폭탄을 쓰도록 권한을 부여 받았다면, 그보다 더 작은 소총 같은 무기를 사용하는 것은 당연한 것 아닌가?"라고 말했다고 한다. 즉 자신의 판단에 기초해 안보리에 국제 평화와 안보를 위협하는 문제를 논의하게끔 할 수 있다면, 그 전 단계에 필요한 정보 수집, 분쟁 지역 특사파견 등의 역할은 비록 유엔헌장에 명시되어 있진 않지만 자연스럽게 보장된 것이라는 뜻이다. 사실 유엔헌장 99조를 발동하기 위해서는 사무총장이 정확한 판단을 내리도록 안보를 위협하는 활동에 대한 '사전조사'가 필요하다. 트리그베 리에는 그런 관점에서 적극적으로 99조를 해석해, 현재는 당연한 것처럼 받아들여지는 '유엔사무총장 특사파견' 등과 같은 당시에는 전례 없는 민감한 권한들을 요구한 것이다.

요약하면 유엔사무총장은 자신의 방식대로 지도력을 행사할 수 있다. 물론 뒤에서 살펴보겠지만 제약이 없는 것은 아니다. 그러나 각자의 세계관과 가치관, 경험 등이 각자의 유엔사무총장 지도력을 다른 사무총장과는 구별되는 독특한 것으로 만들게 된다. 이것이 가능한 이유는 바로 유엔헌장이 제공하는 '해석의 여지'가 있기 때문이고, 유엔사무총장은 적극적으로 자신의 역할에 대해 해석할 것이 기대되기 때문이다. 유엔 그 자체가 시행착오를 통해 지속적으로 진화하는 것처럼, 제4대 사무총장 발트하임의 언급대로 사무총장도 '끊임없이 진화하는 상태'에 있다. 이러한 '변화무쌍' '자유로운 방식'의 사무총장 지도력이야말로 끊임없이 변하는 국제사회의 제반 문제에 응전하기 위해 필요한 융통성을 유엔에게 제공하고 있다고 한다면 큰 과장일까?

### 유엔사무총장 특성 2: '상호모순'

유엔사무총장 지도력과 더불어 또 하나 눈여겨 볼 특성은 유엔사무총장이 겪어야 하는 '상호모순'이다. 사무총장은 '사무장 또는 사무간사'를 뜻하는 Secretary와 '총장, 군사령관 또는 장군'을 뜻하는 General의 합성어다. 사무총장이라는 말이

지금은 흔히 쓰이는 말이라서 전혀 어색하지 않지만 처음 두 단어를 조합했을 때의 반응은 달랐다. 마치 '교사학생' 혹은 '장교사병' 같은 알쏭달쏭한 의미라고 할까?

앞서 '변화무쌍'의 진원지가 유엔헌장이라 말한 것처럼 '상호모순'의 특성도 유엔헌장에서 비롯된다. 벤자민 리빈은 이에 대해 "유엔헌장은 사무총장에게 서로 갈등되는 두 가지 책임을 부여하고 있는데, 첫째는 사무국의 수장으로서 독립적으로 행동할 것과 둘째는 안보리 및 유엔총회의 지시에 따라야 하는 행정가로서 두 가지의 책임"이 있다고 말한다. 사실 유엔의 전신인 국제연맹 사무총장의 경우에는 이러한 갈등 요인이 전혀 존재하지 않았다. 국제연맹의 공식 문서에 따르면 국제연맹 사무총장은 "국제연맹의 다양한 기구들의 결정을 실행하고 준비하는 일을 넘어서는 활동을 추구해서는 안 된다"고 명시되어 있다. 하지만 국제연맹의 실패 요인 중 하나로 사무총장의 권한이 명목적인 행정가에 국한된 것이 지적되었기에 유엔의 초기 설계자들은 새로운 정치 특성을 유엔사무총장에게 부여했다. 앞서 살펴본 유엔헌장 제99조가 바로 사무총장에게 부여된 대표적인 정치적 특성이라고 할 수 있다. 강대국들은 자신들을 피곤하게 할 완전한 정치가로서 사무총장을 원하진 않았기에 국제연맹 사무총장이 수행했던 명백한 행정가 역할도 고스란히 남겨두었다. 이것이 바로 제5대 사무총장 쿠에야르가 '유엔사무총장의 역할'이란 제목의 연설에서 '이원적 역할'이라 부른 모순이다.

유엔헌장에 따라 유엔사무총장은 유엔 5대 주요 독립기관 중 하나인 사무국의 '수장'이면서, 유엔총회 및 안보리 같은 의결기구의 결정을 그대로 집행해야 하는 예속적인 '수석행정관'이기도 하다. 이렇게 '독립'과 '예속'이라는 상호모순된 유엔사무총장의 역할은 딜레마를 유발시키기도 하지만, 때로는 '창조적인 긴장'을 만들기도 한다. 즉 어울릴 것 같지 않은 두 역할이 항상 함께 구현되어야 하는 것이 아니라, 매번 새롭게 전개되는 상황 가운데서 유엔사무총장에게는 양자택일할 기회가 있다는 것이다. 한 가지 역할에 매여있기 보다는 선택할 수 있는 역할이 한 가지 이상일 경우 그만큼 상황대응과 융통성의 정도도 커지기 때문이다.

상호모순적 유엔사무총장 역할이 궁극적으로 도움이 된 예를 살펴보도록 하자. 그 대표적인 예는 향후 '북경법칙'이라 불리게 된 제2대 사무총장 함마르셸드의 사례다. 당시 유엔 회원국이 아닌 중공(당시의 안보리 상임이사국은 현재의 중국이 아닌 대만에 자리 잡은 자유중국이 맡고 있었다)이 한국전쟁 때 추락한 미 정찰기의 승무원들을 구류하면서 사건이 시작되었다. 1954년 중공은 이들이 중국 영토를 정찰한 CIA 요원 등 미국의 스파이들이라고 비난하며, 국제법에 따른 이들의 신병인도를 거부하고 종신형 등을 선고했다. 중공의 이러한 강경한 대응은 당연히 미국을 경악시키기에 충분했다. 이미 한국전쟁으로 중공과 불편한 관계이던 미국은 중공에 항의했다. 그러나 당시 중국정부는 이를 묵살했다.

결국 미국이 문제 해결을 위해 이용한 것이 유엔이었다. 당시 유엔은 아프리카와 아시아 등의 신생독립국들이 유엔에 대거 회원으로 들어오기 이전으로, 미국을 비롯한 친 서방 세력이 주류를 형성하던 시기다. 유엔은 미국의 바람대로 중국정부를 강력히 성토하는 결의안 906호를 통과시키고, 구류된 미국 조종사와 승무원들을 즉각 돌려보낼 것을 요구했다. 또한 요구사항을 지키지 않을 경우 유엔이 취할 수 있는 무력 사용을 포함한 모든 조치를 취할 것이라고 선언하고 유엔사무총장에게 "구류된 미국인들의 석방을 위해 가장 적합한 방안을 강구해 실행할 것"을 요청했다.

어려운 문제가 있을 때 사무총장이 이런 식으로 갑자기 해결사로 위임된다는 것을 앞서 '블랙박스'라는 별칭으로 설명했듯이, 당시 유엔사무총장이었던 함마르셸드는 당황할 수밖에 없었다. 유엔사무총장으로서 그는 안보리와 유엔총회의 결의 사항을 집행할 의무가 있었기 때문이었다. 이것은 그야말로 '미션 임파서블'이었다. 당시 중국은 유엔의 회원국도 아니었을 뿐 아니라, 유엔을 신뢰할 만한 국제기구로 인정하지 않았다. 기껏해야 미국을 비롯한 서방 자본주의 국가들의 사교단체 정도로 볼 뿐이었다. 이러한 맥락에서 유엔 결의안으로 중국을 압박한들 성공할 가능성보다는 점점 높아지는 미국과 중국의 무력충돌 가능성만 크게 될 위험이 있었다.

이때 함마르셸드가 들고 나온 카드가 바로 '북경법칙'이다. 즉 유엔 결의안이 지시하는 대로 따르는 종속적 행정가가 아닌, 독립적인 유엔사무총장의 자격으로 결의안과는 상관 없이 중국을 방문하기로 결정한 것이다. 중국정부에 자신의 방문을 요청하기 위해 함마르셸드가 보낸 편지에서 그는 "유엔결의안이 아닌, 유엔헌장과 유엔의 정신에서 유래한 유엔사무총장의 독립된 자격으로 중국을 방문하길 희망한다"고 썼다. 미국을 비롯한 많은 국가들의 회의 속에서도 중국정부는 함마르셸드의 중국 방문 요청을 받아들였다. 당시 중국 총리인 주은라이 Zhou Enlai가 함마르셸드와 만나 억류된 미국 승무원들에 대해 수차례 걸쳐 논의한다.

결과는 과연 어떻게 되었을까? 함마르셸드가 중국을 방문한 지 반 년 가까이 지난 1955년 8월 1일 함마르셸드의 생일날, 주은라이는 생일 축하문과 함께 아래와 같은 전문을 보낸다.

> 중국정부는 억류된 미국 승무원들을 돌려보내기로 결정한다. 판결이 내려진 대로 종신형 등을 살게 하는 대신에 그들을 내보내는 것은 함마르셸드와 우정을 지속적으로 유지하길 원하기 때문이며, 유엔의 결의안과는 전혀 상관이 없다. 주은라이는 함마르셸드가 이러한 이유를 분명히 숙고해 주기를 바란다.

비록 함마르셸드의 중국 방문이 즉각 문제 해결로 연결되지는 않았지만, 위의 편지에서 알 수 있듯이 중국정부를 움직인 것은 유엔 결의안이 아니었다. 오히려 세계 평화와 안보를 지키기 위해 독립적인 유엔사무총장의 자격으로 중국을 방문하고, 이를 해결하기 위해 국제적인 노력을 경주한 함마르셸드의 노력이 더욱 유효했다는 것이 위의 편지에 우회적으로 드러나 있다. 자신의 50세 생일을 맞아 스웨덴에서 휴가를 즐기던 함마르셸드에게 이보다 더 큰 생일 축하는 없었을 것이다.

'북경법칙'의 사례에서 볼 수 있듯이 유엔사무총장의 상호 모순된 역할은 오히려 창조적인 역동성의 근원이 될 수 있다. 하지만 그 양자택일의 유연성이 언제나 좋은 방향으로 귀결되는 것은 아니다. 유엔사무총장은 높은 장대 위에 걸린 가느다란 줄 위에서 균형을 잡으며 걸어가야 한다. 초대 사무총장 트리그베 리에는 이런 줄타기 균형 잡기에 실패해 유엔사무총장직을 수행하는 데 치명타를 입었다. 그가 정열적으로 옹호한 한국전쟁에 대한 유엔 개입은 당시 소련 등 공산국가의 극심한 반대와 비난을 불러일으켰다. 결국 트리그베 리에의 두 번째 임기가 소련의 거부권 행사로 좌절되는 결과를 낳았다. 미국 등 서방측은 다시 이에 항의해 유엔총회 결의사항으로 사무총장의 임기를 3년 연장했지만, 결국 트리그베 리에는 연장된 임기 3년을 못 채우고 1952년에 사임한다. 트리그베가 소련 등의 입장을 반대하고 독립적인 유엔사무총장의 역할을 밀고 나간 것이 한국에는 무척 다행스러운 일이지만, 트리그베 개인으로서는 유엔 회원국의 입장(소련을 위시한 공산권 국가)에 민감해야 하는 또 다른 역할에 실패한 것이다.

## 유엔사무총장 특성 3: "자원은 없고 할 일은 많다"

마지막으로 한 가지 더 살펴볼 유엔사무총장의 특성은 바로 '자원은 없고 할 일은 많은' 것이다. 이는 앞서 살펴본 둘째 특성 '상호모순'과 어느 정도 관련된 특성으로 사무총장이 수행하도록 기대되는 수많은 '일의 목록'과 대조적으로 제공되는 '자원의 목록'은 무척 빈약하다는 사실에서 비롯된다. 유엔사무총장은 국가수반의 예우를 받지만 여타 국가의 수반과는 다르게 자국민과 같은 '후원자 또는 지지자'의 존재가 없다. 즉 국가수반으로서 명성은 있지만 재량껏 처분하고 운용할 예산이나 상비군 등은 없다.

부트로스 갈리는 유엔이 효율적으로 운영되지 못하고 있다고 판단한 미국의 유엔 분납금 체납으로 유엔에 재정 위기가 몰려오자 "현실과 내가 맡은 책임 사이의 딜레마"에 빠졌다고 한탄한 적이 있다. 재정이 궁핍한 현실 속에서 그가 맡은 전 세계의 온갖 문제들 – 평화유지, 기근철폐, 인도주의적 구호활동, 불법무기거래 방지 등 – 에 대응해야하는 딜레마를 표현한 것이다.

스탈린이 교황에게 얼마나 많은 군대를 동원할 수 있느냐고 물은 일화처럼 유엔사무총장 또한 자신이 직접 동원할 상비군 없이 노련한 외교술에만 의존해야 한다. 명목상에는 유엔평화유지군의 최고통수권자로서 각 지역 평화유지군 사령관(각국 군대에서 파견된 직업 군인)에게서 보고를 받지만, 실제 이러한 과정도 유엔헌장에 명시된 '수석행정관' 구색을 맞추기 위한 요식행위에 불과하다.

코피 아난도 아프리카 등지에서 재발하는 내전을 지켜보면서도 유엔이 아무런 행동을 취하지 않는다고 비판받을 때 "나 자신은 전투기 한 대, 군인 한 명도 움직일 권한이 없다"고 복잡한 심경을 털어놓은 바 있다. 제4대 유엔사무총장 발트하임도 다사다난한 유엔사무총장직을 마친 뒤에 쓴 '유엔사무총장의 역할'이라는 글에서 코피 아난과 동일한 언급을 했다. 유엔사무총장을 '세계 일급의 국제공무원'으로 정의한 발트하임은 "세계 평화와 안보에 관해 이론적으론 무제한적인 책임을 맡는 반면, 실제로는 매우 보잘것없는 힘과 극히 제한된 자주적 권위를 받는다"고 토로했다.

유엔사무총장의 이러한 자원 의존성은 사무총장이 유엔 회원국, 특히 안보리 이사국과 관계에 민감할 수밖에 없는 중요한 원인이 된다. 코피 아난이 '아프리카 사람의 얼굴을 한 미국인'이라고 일부 아프리카 언론에게서 비난을 받은 것도 유엔사무총장으로서 초강국인 미국과의 관계를 절대 소홀히 할 수 없었기 때문이다.

**유엔사무총장 지도력의 두 가지 형태**

때에 따라 유엔사무총장에게 기대하는 여러 역할들과 유엔사무총장 스스로 가지는 사무총장직에 관한 다양한 입장과 세계관들로 유엔사무총장 지도력은 몇 마디로 규정하기 어려울 정도로 다채롭게 발전해 왔다. 그럼에도 사무총장 지도력의 다양한 유형은 두 가지 형태로 크게 나눌 수 있다. 국제기구 조직이 처음으로 형성되었을 때 사무총장으로 역임한 두 사람은 지도력의 측면에서 대조적인 형태를 띠었다. 전례 없는 사무총장의 역할을 처음으로 수행한 두 사람 – 에릭 드럼먼드와 알버트 토마스 – 은 서로 구별되는 유산을 남겼고, 그 전통이 지금까지 국제기구 사무총장 지도력 인식에 대한 양대 산맥을 이루고 있다. 두 사람의 구별되는 지도력은 훗날 유엔헌장의 기초(특히 유엔사무총장의 역할 부분에 관해)를 만들 때 일정한 영향을 주기도 했다. 정치학자 요한 카우프만Johan Kaufmann은 두 사람 중 한 명이 시대에 따라 엎치락뒤치락하며 "유엔사무총장 지도력의 주된 개념이 될 것"이라고 말한 바 있다.

에릭 드럼먼드: 국제공무원의 기준을 정하다

에릭 드럼먼드Eric Drummond(1876~1951)는 국제연맹의 초대 사무총장(재임 1919~1933)을 지낸 인물이었다. 영국인인 그는 당시 전례 없는 국제기구의 사무총장직을 수행하면서 '충성되고 중립적인 공무원'이라는 영국식 공무원을 본보기로 삼았다. 이러한 철저한 '공무원'의 관점에서 그는 "국제기구 사무국은 온전히 사무적인 기관이어야 하며, 어떠한 정치적인 판단과 행동도 삼가야 한다"고 주장했다. 이러한 바탕 위에 그는 "사령관이기 보다는 사무장"이었던 국제연맹 사무총장이었다. 그의 지도력은 '사무총장의 사무행정 특성이 강조되며, 부여된 업무를 충성스럽게 처리해내는' 에릭 드럼먼드형 지도력으로 불린다. 더불어 그는 국가중심 사고가 편만한 당시 국제사회에 국가를 넘어선 진정한 국제공무원의 개념을 발전시키는 데 크나큰 기여를 했다.

에릭 드럼먼드가 국제연맹의 '거수기(a rubber stamp)' 역할만 한 것은 아니다. 국제연맹 규약에도 사무총장에게 부여된 일정부분 정치 활동 여지가 있던 것은 사실이며, 그러한 배경 아래 그는 '장막 뒤 외교'라는 더욱 은밀한 정치외교 활동을 선호했다. 이러한 입장을 그는 훗날 남긴 저술에서 다음과 같이 밝히고 있다.

> 국제연맹 규약이 주는 제한과 한계들로 내 모든 정치적인 업무들은 비공개로 해야 했다. 하지만 비공개였다고 해서 비효과적이었다는 것은 아니다. 정치적으로 논란이 되는 쟁점에서 한쪽 편을 공개적으로 지지하면 오히려 내 정치적인 입지는 더욱 좁아졌을 것이다.

또한 그는 국제연합 성립 후 유엔사무총장에게 '유엔헌장 제99조'(트리그베 리가 '핵폭탄'이라 부르던)와 같은 권한을 준 것을 보고서 "내게도 그런 권한이 있었더라면!"하고 탄식했다.

비록 그는 '세계적 지도력의 부재'라는 이유로 종종 비난받았지만, 그가 섬긴 국제연맹의 구조적 제한과 그가 가진 빈

약한 자원들은 그가 '낮은 자세'를 취한 충분한 이유가 될 듯하다. 정치적인 분야에서 그의 소극적인 지도력에도 불구하고 에릭 드럼먼드는 국제연맹 사무총장으로서 많은 유산을 남겼다. 흥미롭게도 두 유형 중 '에릭 드럼먼드형'으로 분류되지 않는, 또 다

에릭 드럼먼드

른 유형(알버트 토마스)의 대표적 유엔사무총장인 다그 함마르셸드는 에릭 드럼먼드를 평가하는 데 인색하지 않았다. 1953년 드럼먼드의 고국인 영국을 방문했을 때 함마르셸드는 "에릭 드럼먼드가 개척자로서 남긴 업적들은 그의 뒤를 따라 사무총장으로 일하게 되는 모든 이들에게 하나의 본보기이자 끊임없는 도전"이라고 평가했다. 정치학자인 앤소니 가그리오네Anthony Gaglione도 최근 저서에서 "드럼먼드가 국제기구의 역사에 남긴 족적이 무척 깊기에 앞으로 어떤 식으로든 유엔사무총장 지도력이 논의될 때 그 시작은 드럼먼드를 논하는 것에서 시작되어야 할 것"이라 평했다.

알버트 토마스: 세계의 대변가가 되다

국제공무원의 전형을 제시한 에릭 드럼먼드와 달리 알버트 토마스Albert Thomas(1878~1932)는 '독립적인 국제 정치가'의 전형, 즉 '알버트 토마스형'이 되었다. 에릭이 국제연맹 사무총장이 되던 1919년 알버트 토마스는 국제노동기구(ILO: International

알버트 토마스

Labour Organization)의 초대 사무총장(재임 1919~1921)으로 임명되었다. 프랑스 출신으로 역사학자이자 정치가였던 그는 "내가 에릭 드럼먼드 국제연맹 사무총장처럼 무기력한 상황에 내몰리는 그 날, 나는 국제노동기구 사무총장직 사직을 주저하지 않을 것이다"라는 말로 자신과 에릭 사이에 분명한 선을 그었다.

요한 카우프만Johan Kaufmann은 알버트 토마스 스스로 전례를 만든 이 유형에 대해 "업무의 범위가 사무행정에 그치는 것이 아니라, 적극적으로 새로운 이니셔티브를 발굴하고, 그러한 제안이 각국 정부에 의해 채택되도록 노력하는 지도력"이라고 정의했다. 즉 알버트 토마스는 "사무장이기보다는 사령관"이었고, 문자적 의미의 국제공무원을 넘어서는 전례 없는 "세계 이익의 대변자"로서 사무총장 지도력의 새로운 가능성을 발전시킨 것이다.

알버트 토마스는 갓 시작된 국제노동기구의 초석을 적극적인 지도력으로 성공리에 다졌다. 그의 인상적인 지도력에 당대 비평가 중 한 명은 "만약 에릭 드럼먼드와 알버트 토마스가 서로 자리를 바꾸었다면, 국제연맹의 역사는 아마도 완전히 달라졌을 것이다"라고 말했을 정도다. 역사에 만약이란 가정은 없지만, 만약 서로 사무총장 자리가 달랐더라면 어땠을까? 물론 알버트 토마스의 '정치가적' 지도력이 인상적이었고 그가 국제연맹 사무총장이 되었다고 하더라도 국제연맹의 피할 수 없는 운명(제2차 세계대전 발발 및 국제연맹 해체)은 방지하지 못했을 것이다. 국제노동기구가 다루는 쟁점들은 당시 각국의 첨예한 이해관계가 쏠리지 않은 비정치 분야이었기에 알버트 토마스가 행사할 수 있는 지도력의 여지가 많았던 것도 사실이다. 반면 에릭 드럼먼드는 그 자신이 국제연맹의 구조적 한계를 명확히 인식하고 있었던 것처럼, 각국의 이해관계가 첨예한 정치외교 분야에서 스스로 선택할 수 있었던 카드는 '중립적인 국제공무원'의 역할이었을 것이다.

'두 사람이 자리를 바꿔 앉았더라면'의 결과는 확실치 않지만 한 가지 확실한 것은 알버트 토마스가 이끈 국제노동기구(국제노동기구는 현존하는 최장수 국제기구 중 하나이다)는 현재까지 활동하고 있는 반면, 국제연맹은 단명했다는 것이다. 국제노동기구의 장수에 알버트 토마스가 기여한 것은 부인할 수 없는 사실이다.

### 유엔사무총장 줄 세워보기

비록 둘 다 국제연합의 사무총장은 아니었지만 두 사람의 지도력 유형이 여전히 각광을 받고 있는 것은 두 사람의 유형이 하나의 기준이 되어 역대 유엔사무총장 지도력을 견줄 수 있기 때문이다. 국제정치학자 찰스 알렉산드로비치Charles H.

Alexandrowicz는 1962년 『국제비교법저널』에 기고한 「유엔사무총장」이란 글에서 "에릭 드럼먼드의 개성과 성격은 차후 유엔 사무총장의 행정적 특징을 형성하게 되었고, 알버트 토마스의 영향력은 향후 국제노동기구(ILO)의 적극적인 기구 활동의 전통에 기여를 했다"고 분석했다. 하지만 두 유형은 서로 배타적인 성격은 아니다. 에릭 드럼먼드형이 더 행정적이었다면, 즉 Secretary에 충실했다고 한다면, 알버트 토마스형은 Secretary에 정치적 입지를 더욱 강화시킨 General 역할을 보강했다는 뜻이다. 에릭은 말하자면 사무총장의 최소주의자였고, 토마스는 최대주의자였다.

하나의 가상 평행선을 생각해 보자. 두 양극단에 에릭 드럼먼드와 알버트 토마스를 두면 역대 유엔사무총장이 발휘한 지도력의 상대적 위치를 확인해 볼 수 있다. 약간의 일반화 위험을 감안한다면 알버트 토마스 전통(최대주의자)은 제1대 사무총장 트리그베 리에, 제2대 사무총장 다그 함마르셸드까지 이어지다가 한동안 건너뛰어 다시금 제6대 부트로스 갈리와 제7대 코피 아난 사무총장으로 이어진다. 반면 3대에서 5대 사무총장을 역임한 '냉전시대 트리오' 사무총장들(우 탄트, 발트하임, 쿠에야르)은 더욱더 에릭 드럼먼드(최소주의자) 전통을 따랐다. 비평가들은 흔히 전자를 '스스로 등극한 정치꾼'이라고 불렀고, 후자를 '스스로 제한된 역할'에 만족했다고 비평했다.

흥미로운 사실은 각각의 유형이 유력했던 시기가 유엔을 바라보는 당대의 시각과 모종의 유사성을 지닌다는 것이다.

사무총장의 스타일을 두 가지로 나누어 본다면 4대와 5대 사무총장은 에릭 드럼먼드 스타일에, 6대와 7대 사무총장은 알버트 토마스 스타일에 가깝다는 것을 알 수 있다.

한양대 정치외교학과 교수를 역임한 박치영 교수는 "신기하게도 에릭과 토마스의 두 유형은 유엔에 대한 긍정적, 부정적 견해들이 있었던 시기와 맞물려 등장한다"고 분석했다. 함마르셸드의 말을 빌리자면 유엔이 '단지 정적인 회의기구'에 머물러 있을 때는 에릭 드럼먼드형에 속하는 소극적 사무총장이 등장했고, '세계 정부의 역동적 도구'로 유엔이 움직이고 있을 때는 알버트 토마스형 같은 적극적 지도력이 등장했다는 것이다. 따라서 이를 적용해보면 시대가 요구하는 유엔사무총장의 성격('사무장'이냐 혹은 '사령관'이냐)은 유엔이 현재 어떤 상황에 머물러 있는지 유추해 볼 수 있는 좋은 방증이 될 수 있다.

2006년에 진행된 제8대 유엔사무총장 선출을 둘러싸고 다양한 목소리들이 나왔다. 미국을 포함한 몇몇 국가들은 '드럼먼드형'의 사무총장이 필요한 때라고 역설했고, 언론과 시민단체를 비롯한 일부 국가들은 국제화 시대에 유엔이 대처해야 하는 일의 성격상 더욱 강력한 '토마스형'의 사무총장이 선출되어야 한다고 주장했다. 한편에서는 강력한 사무총장을 원하고, 다른 한편에서는 조용한 사무총장을 원하는 그 보이지 않은 압박 속에 유엔사무총장이 놓여 있는 것이다.

한국 출신의 반기문 유엔사무총장은 어떤 형에 속할까? 현재까지 활동상을 보면 반기문 사무총장은 에릭 드럼먼드형에 가까워 보인다. 하지만 속단은 금물! '알버트 토마스형'의 전형이라고 부르는 유엔 역사상 가장 적극적인 사무총장 지도력을 행사한 다그 함마르셸드를 떠올려보자. 당시 그가 선출된 이유는 전임 사무총장이었던 트리그베 리에와는 달리 조용히 행정가 역할을 할 것이란 기대 때문이었다. 물론 일 년 정도가 지나고 나서 안보리 상임이사국, 특히 소련, 영국, 프랑스 등은 자신들의 판단이 엄청난 착오였음을 깨달았다.

**유엔사무총장의 가장 강력한 무기, 공명정대**

유엔사무총장은 앞서 언급했듯이 종종 바티칸의 교황과 비교해 '세속적 교황'이라고 불린다. '교황'이라는 지칭은 실질적 힘은 없다는 부정적인 뜻도 있지만, 한편으로는 유엔사무총장이 발휘할 수 있는 힘의 거대한 크기를 암시하기도 한다. 바티칸 교황이 특정한 쟁점에 관해 언급하는 것이 꾸준히 국내외 언론을 통해 보도되듯, 국제쟁점에 대한 유엔사무총장의 발언도 절대 뒤지지 않는 주목을 받아왔다. 유엔사무총장의 발언이 주목을 받는 이유는 교황처럼 그가 지닌 도덕적 권위를 무시하지 못하기 때문이다. 유엔사무총장은 6개 주요기관 중 하나인 사무국의 대표로서 법적 권위를 지니고 있거니와 유엔헌장에 구체적으로 명시된 유일한 사람으로서 도덕적 대표성을 지니고 있다. 이 권위는 물론 유엔사무총장 개인이 아닌 '유엔 최고수석행정관'이라는 법적 지위를 통해 나타나지만, 유엔사무총장 개인과도 관련이 없을 순 없다. 즉 개인의 행동 여하에 따라 유엔사무총장이 누리는 힘, 도덕적 권위의 크기도 변할 수 있다는 것이다.

그렇다면 도덕적 권위는 어떻게 확보될 수 있을까? 유엔사무총장의 도덕적 권위는 그가 지닌 정당성에 뿌리를 내리고 있다. 정당성은 도덕성과 공명정대(공평무사 혹은 불편무당)를 통해 형성된다. 다음에서는 '공명정대'와 유엔사무총장의 관계를 간략하게 살펴보도록 하자.

유엔사무총장의 공명정대 필요성은 매우 쉽게 이해할 수 있다. 어느 유엔 회원국가가 일부 특정 국가에게만 편향적인 유엔사무총장을 지지하려 하겠는가? 미-소 냉전시대 이후로 급격히 사용빈도가 늘고 있는 유엔사무총장의 분쟁중재 기능에도 '공명정대'는 성공요인을 넘어 필수요인으로 간주되고 있다. 분쟁 당사국들의 '분쟁중재' 요청은 유엔사무총장이 비편향적인 존재라고 인식될 때 가능하다. 만약 사무총장이 자신의 지리, 종교, 문화 배경 등 때문에 특정 국가군을 알게 모르게 선호할 경우 '분쟁중재'는커녕 국제문제로 비화될 소지가 있다.

원래 '공명정대' 개념은 유엔헌장에서 찾아볼 수 있는 개념은 아니다. 이는 '다른 국가의 지시를 받거나 구할 수 없다'는 의미의 중립성과는 사실 약간 다른 의미가 있다. 국제법상 영세중립국으로 인정받는 스위스(스위스는 영세중립국임에도 지난 2002년 유엔에 190번째 회원국으로 등록했다)가 일체 동맹관계나 분쟁관계에 관여하지 않는 것과는 차원이 다르다. 유엔사무총장에게는 어느 국가에게든 중립적인 태도를 유지하는 것이 아니라, 어느 국가에게든 동일한 원칙을 적용함이 중요하다.

따라서 어떤 국가든 동일한 원칙을 적용하려는 유엔사무총장의 공명정대는 특정 국가의 반발을 불러일으킬 수 있다. 다그 함마르셸드는 "유엔 회원국에서 들려오는 이런 불만이야말로 유엔사무총장이 원칙을 고수한다는 직접적인 신호"로 해석했다. 제5대 사무총장인 쿠에야르도 '공명정대'를 "유엔사무총장 지도력의 심장이자 영혼"이라고 묘사했으며 "이는 유엔사무총장이 응해야 할 가장 혹독한 요구사항"이라고 묘사했다. 하지만 일단 그러한 요구사항이 지켜질 경우 우탄트 제3대 사무총장이 말했듯이 '공명정대는 유엔사무총장의 가장 강력한 무기 중 하나'가 될 수 있다.

**유엔사무총장, 한 가닥 줄 위에 서다**

성공적으로 역할을 수행하기 위해 유엔사무총장은 좋든 싫든 '줄 타는 곡예사' 역할을 수행해야 한다. 유엔사무총장은 취임과 동시에 국제정치라는 냉혹한 현실의 골짜기 위에 놓인 위태위태한 한 가닥 '줄' 위를 걷는다. 균형을 잃으면 트리그베 리에나 부트로스 갈리처럼 돌이킬 수 없는 운명을 맞게 될 가능성이 높다. 여기서 균형이란 유엔사무총장이 자신을 둘러싼 국제정치의 현실, 특히 안보리 상임이사국의 영향력을 슬기롭게 헤쳐 나가야 함을 의미한다. 그 이유는 유엔사무총장은 CEO(Chief Executive Officer)가 아니라 CAO(Chief Administrative Officer)이기 때문이다. 또한 유엔사무총장은 회사의 '이사회'와 같은 막강한 안전보장이사회를 상대해야 한다.

유엔사무총장은 다양한 새로운 프로그램을 시도할 수 있고, 세계적 쟁점에 당면해 참신한 의견을 개진할 수 있다. 하지만 유엔 회원국, 특히 안보리 상임이사국의 지원과 협조가 없으면 그야말로 '종이호랑이'로 전락할 뿐이다. 유엔사무총장에게 원하는 금액만큼 자유자재로 집행할 수 있는 '백지 수표'가 있다고 생각해보자. 수표 위에 마음대로 원하는 금액을 기입할 수 있지만, 집행할 수 있는 금액의 한계가 있어 한계를 넘으면 부도수표가 되어 돌아온다. 그럴 경우 유엔사무총장의 신뢰와 명성에 문제가 생기는 것은 당연하다. 따라서 유엔사무총장은 수표 위에 명시되지 않은 '한계'를 알아야 하는데, '금액의 한계'는 환율처럼 고정되지 않고 변동이 심하다. 금액의 한계를 정하는 것은 바로 유엔 회원국, 또는 많은 경우 안보리의 상임이사국들의 몫이다.

벤자민 리블린Benjamin Rivlin은 "유엔사무총장은 안보리 상임이사국의 '인내의 한계'가 어디까지인지 민감하게 주시해야 한다"고 말한다. 비록 자신의 개성과 방식에 따라 다채로운 유엔사무총장 지도력을 구축할 수 있지만, 자국의 이익을 최선으로 하는 주권국가들과 관계의 줄을 놓치면 유엔사무총장은 그야말로 '꾸어다 놓은 보릿자루'가 될 수밖에 없다. '줄타는 곡예사' 유엔사무총장, 생각보다 헤치고 나가야 할 현실이 그리 녹녹치 않다.

# 줄 타는 곡예사, 유엔사무총장

## 유엔사무총장의 조건

 반기문 현 유엔사무총장을 포함해 총 8명의 유엔사무총장이 유엔의 역사와 함께 했다. 유엔사무총장은 어떻게 선출될까? 명확한 선출 절차와 자격 조건 없이 관례와 대륙별 안배라는 비공식 원칙으로 진행된 그동안의 유엔사무총장 선출 방식은 많은 비판을 받아왔다. '다수의 나라가 옹호하는 최고의 자질을 갖춘 후보' 대신 '모든 나라가 반대하지 않는 최소 공약수격의 후보'가 선출되게 만드는 메커니즘이라는 비판이다. 일반 회사나 국가에서 직원을 뽑는데도, 학력이나 일정한 실무경력 등 최소 자격조건을 명시하지만, 유엔헌장 등에는 유엔사무총장의 최소 자격에 대한 언급이 없다는 것이 무척 의외일 뿐이다. 역대 유엔사무총장의 선출사례를 되돌아보면 자격은 기본적인 조건일 뿐 결국은 정치적인 영향이 무척 강력하다는 것을 알 수 있다.

유엔사무총장은 관례적으로 중소국가에서 선출되며, 안전보장이사회 상임이사국과 브라질, 인도, 일본, 독일 등의 지역 강대국 출신도 암묵적으로 기피된다. 공식 규정은 없지만 지역별 순환원칙을 자연스럽게 받아들이고 있으며, 선출은 안보리의 추천을 통해 유엔총회의 의결을 거쳐 임명하는 식으로 진행한다. 유엔총회가 현재까지 거부한 사례는 없기 때문에 유엔총회의 의결은 다분히 의례적인 것으로 여기고 있다. 또한 안보리가 추천할 후보자의 수에 제한은 없지만, 관례적으로 안보리 자체 투표를 통한 최종 후보 한 명만이 추천되었다. 일각에서는 유엔총회의 역할을 증대하기 위해 안보리가 최소한 2명의 후보를 추천해 그 중에 한 명을 선택할 권리를 지녀야 한다고 주장하고 있다.

유엔사무총장은 연임할 수 있지만, 아직까지 3선에 성공한 사례는 없다. 얼마 전 타계한 발트하임이 유례없는 3선에 도전했다. 그러나 15개 상임이사국 중 14개 국가가 찬성했는데도 중국이 '아시아 사무총장 차례'라는 논리를 내세워 거부권을 행사하면서 실패한 바 있다. 연임 가능성을 고려해 첫 재임기간 중에는 유엔사무총장으로서 소신껏 활동하지 못한다는 비판도 나왔다. 따라서 유엔사무총장의 임기를 단임으로 제한하되 재임기간 연장으로 보완하자는 등 다양한 의견이 나오고 있다.

유엔사무총장직은 코피 아난의 시기를 거치면서 두 가지 중요한 변화를 띤다. 첫째는 새로운 '사무부총장' 도입으로 유엔사무총장의 많은 행정 역할이 사무부총장에게 위임되었다. 둘째는 국가의 내각과 비슷한 기구의 등장이다. 코피 아난에 의해 1997년 유엔개혁의 하나로 도입된 사무총장의 '내각'은 SMG(Senior Management Group)로 불리는데, 유엔본부와 지역본부, 유엔의 관할 기구와 프로그램의 수장들이 모여 유엔의 전반적인 정책을 논의하고 조율한다.

---

### 역대 국제연합 사무총장

제1대 사무총장: Trygve Lie (노르웨이)
제2대 사무총장: Dag Hammarskjöld (스웨덴)
제3대 사무총장: U Thant (미얀마)
제4대 사무총장: Kurt Waldheim (오스트리아)
제5대 사무총장: Perez de Cuellar (페루)
제6대 사무총장: Boutros Boutros Ghali (이집트)
제7대 사무총장: Kofi Annan (가나)
제8대 사무총장: Ki-Moon Ban (한국)

## 트리그베 리에

유엔이 홀로 우리에게 지속적인 평화를 가져다주리라고 생각하지 않는다. 하지만 한 가지 확실히 믿는 것은 유엔 없이는 지속적인 평화란 결코 이루어지지 않는다는 사실이다.
- 트리그베 리에
(초대 유엔사무총장, 재임 1946~1952)

### 초대 유엔사무총장, 트리그베 리에

트리그베 할브단 리에Trygve Halvdan Lie는 1946년 2월 정식으로 국제연합의 초대 사무총장에 취임했다. 1896년 노르웨이에서 태어난 트리그베 리에는 법학을 공부한 뒤 노르웨이 노동당 운동에 투신한다. 그가 노동운동가 및 정치가의 삶을 시작할 때만 해도 훗날 자신이 국제연합의 첫 수장이 되리라고는 꿈에도 생각하지 못했을 것이다. 법무부 장관 등 정부 요직을 거쳐 노르웨이 국회의원 등을 역임한 리에는 1945년 유엔 설립 당시 노르웨이 대표단을 이끌었다. 또한 유엔헌장의 안보리 관련 조항의 초안을 작성하는 위원회의 의장이기도 했다.

초기 국제연합을 이끌어갈 지도자들을 선출할 때 트리그베 리에는 사실 유엔총회 의장에 관심이 많았다. 제2차 세계대전으로 유명무실해진 국제연맹 사무총장의 허약한 지도력을 기억해서인지 당시 사람들은 유엔총회 의장의 역할에 더 많은 관심과 기대를 가지고 있었다. 강력한 의장 후보로서 당시 미국과 소련의 지지를 받은 트리그베 리에는 초기엔 사무총장 후보로서 두각을 나타내지 못했다. 하지만 정치적인 논리로 트리그베 리에는 미국과 소련이 모두 합의할 수 있는 후보로서 사무총장으로 선

트리그베 리에
ⓒ UN Photo/Marcel Bolomey

출된다. 분명 그의 노동운동가 경력과 나치즘과 파시즘을 반대하는 북유럽 출신이라는 조건이 소련과 미국에게 매력적으로 보였을 것이다.

유엔사무총장이라는 망망대해의 첫 항해자가 된 트리그베 리에는 양면적인 특권을 누렸다. 그의 행동 하나 하나가 유엔사무총장의 새로운 전거를 놓았다는 면에서 그의 활동은 높이 평가를 받을 수 있지만, 그 자신은 첫 항해자였기에 피해야 할 '암초'는 무엇이며 어디에 있는지 알지 못했다.

트리그베 리에의 유엔사무총장직 수행은 냉전과 동서진영 갈등을 빼놓고는 설명할 수 없다 유엔이 세계평화의 적극적인 도구가 되길 희망한 트리그베 리에는 점차 안보리에서 줄다리기를 경험하며 동서갈등의 한복판에 자신이 서 있음을 깨닫는다. 특히 그의 낙관론은 이란 사태와 베를린 사태를 두고서 벌어진 안보리 상임이사국 강대국 간의 격돌을 통해 점차 희석

되었다. 결국 트리그베 리에는 강대국 각축의 장으로 변해버린 안보리의 의존과 기대를 버리고서, 유엔헌장에서 안보리의 일차적인 책임으로 규정된 '평화와 안보'를 직접 수행하고자 했다. 안소니Anthony Gaglione는 이를 두고 트리그베 리에가 "안보리 다수 국가들이 기대하던 소극적 사무총장의 역할을 거부하는 전례 없는 발걸음을 옮기기 시작했다"고 묘사했다.

트리그베 리에의 이러한 노력은 그가 제5차 유엔총회에서 '세계평화를 위한 10가지 제언' 혹은 '세계평화 20년 계획'이라고 알려진 야심찬 계획을 발표하며 최고조에 달한다. 물론 이에 대한 다수 유엔 회원국들의 호응은 그리 뜨겁지 못했다. 이런 상황에서 그의 유엔사무총장 운명을 갈라놓은 한국전쟁이 1950년에 발발한다. 훗날 트리그베 리에는 자신의 회고록 『In the Cause of Peace』에서 유엔의 한국전쟁 개입을 "7년간 유엔사무총장으로 재직하며 행한 결단 중 가장 떳떳하고 자랑스럽다"고 밝히고 있다.

### 첫 유엔사무총장으로서 겪은 희비

초대 사무총장으로서 트리그베 리에가 직면한 최초 문제는 자신의 권한이 과연 어디까지인지 알아보는 것이었다. 국제연맹에 사무총장이라는 제도가 있었지만, 자신이 첫 수장이 된 유엔은 여러 면에서 차별성이 있어 예전 관례를 따라갈 수 있는 것도 아니었다. 그에게 유엔사무총장이 발휘해야 할 지도력은 아무도 개간하지 않은 황무지와 다름없었다. 첫 갈등은 트리그베 리에가 소련의 이란 간섭 문제를 논의하던 안보리 회의에서 불거져 나왔다. 과연 유엔사무총장이 안보리 회의 중 의견을 제시할 수 있는지에 대한 여부가 논란이 된 것이다. 지금은 안보리 회의석상에서 반기문 사무총장이 활발히 의견을 내놓는 것을 자연스럽게 받아들이지만, 당시만 해도 안보리 의장은 트리그베 리에의 발언권 요청 자체를 못마땅해 했다고 한다. 이에 관한 아무런 규정이 없었기에 안보리 이사국들은 논의 끝에 정치적 문제에 대한 사무총장의 의견 발언권을 허용하게 되었다. 황무지에 안보리 회의 내 발언권이라는 조그만 영역이 새롭게 개간된 것이다.

하지만 위의 경우는 트리그베 리에에게 호의적으로 작용한 몇 사례 중 하나일 뿐, 전반적인 상황은 그렇게 늘 호의적이지 않았다. '동서냉전의 인질'이라고 불릴 정도로 트리그베 리에는 점점 심해지는 미소 양국의 맞수 경쟁에 지쳐갔다. 비록 트리그베 리에는 재임 기간에 스스로 '중립의 길'을 걸었다고 항변했지만 그에게 돌아온 동서진영의 반응은 중립적이지 않았다. 사실 안보리의 동서진영 갈등은 '조용한 위임'의 사례에서 알아본 것처럼 트리그베 리에에게도 얼마간 '공간'을 제공했다고 보인다. 소련과 미국이 상대를 향한 경쟁에 몰두해 있을 때 트리그베 리에는 적당한 등거리 중립을 지키며 오히려 나름대로 활동 틈새를 유지할 수 있었다. 하지만 그가 누구보다도 적극 옹호한 유엔군의 한국전쟁 참여는 그가 누린 유엔 사무총장의 자유와 권위가 얼마나 약한지를 절실히 깨닫게 되는 분수령이 되었다.

1950년 한국에 파견된 유엔관리에게서 내전 발발 소식을 들은 트리그베 리에는 즉각 유엔헌장 제99조에 보장된 유엔사무총장의 안보리 소집 권한을 행사하려 했다. 물론 정보력에서 한발 앞선 미국이 먼저 안보리를 소집했고, 현재의 대만이 당시 안보리 상임이사국의 역할을 지속하는 것에 대한 거부로 안보리 회의에 불참한 소련을 놔두고 만장일치로 유엔의 한국전쟁 개입이 통과되었다. 이에 격분한 소련은 즉각 트리그베 리에에 대한 불신임안을 제출하고 그의 사임을 촉구하기 시작했다. 안보리 이사국의 신임을 받지 못한다는 것은 극단적으론 유엔사무총장의 실질적인 힘이 끊겼다는 것을 의미했다.

비록 미국이 주도한 유엔총회의 결의안을 통해 트리그베 리에의 재임기간은 3년 더 연장되었다. 그러나 소련을 비롯한 공산권 국가들은 그를 유엔사무총장으로 생각하지 않았고, 수많은 회의와 공식석상에서 그를 철저히 무시했다. 정상적인 업무수행이 어려웠던 트리그베 리에는 결국 연장된 3년의 재임기간을 다 채우지 못하고 1952년에 자진 사퇴한다.

초대 사무총장의 지도력을 종합하면 그는 적극적으로 유엔사무총장의 역할을 해석했고, 그 해석에 맞추어 적극적인 국제공무원의 표상을 확립했다고 볼 수 있다. 초기에 미국과 소련이 벌인 동서냉전으로 안보리의 기능이 마비되었을 때 오히려 트리그베 리에는 그 틈새 속에서 적극적인 역할을 찾아갔다. 실제로 상당부분 강대국의 묵인하에 유엔사무총장이 정치적 쟁점에 대해서 의견을 개진할 수 있는 등의 전례를 확립해 나갔다.

하지만 트리그베 리에는 유엔사무총장으로서 항상 민감해야 할 안보리 이사국과의 균형을 결정적으로 놓치고 말았다. 줄타기에 실패한 유엔사무총장의 비극이 어떠한지 트리그베 리에의 사례가 후대 사무총장들에게 말없는 교훈을 주고 있다.

### 다그 함마르셸드

> 평화와 안보를 위해 유엔이 필요한 나라는 소련도, 다른 어떤 강대국도 아니다. 진실로 유엔의 보호가 필요한 나라들은 그들을 제외한 모든 힘없는 나라들이다.
>
> — 다그 함마르셸드
> (제2대 유엔사무총장, 재임 1953~1961)

**'다그에게 맡겨라' 유엔의 해결사**

제2대 사무총장인 다그 함마르셸드Dag Hjalmar Agne Carl Hammarskjöld는 역대 유엔사무총장 중 가장 강력한 지도력을 행사했다는 평가를 받고 있다. 반기문 사무총장이 자신이 가장 존경하는 사무총장형이라고 말한 바 있는 다그 함마르셸드는 미국과 소련의 냉전구도가 유엔까지 장악한 암울한 시기에 재임했음에도 강력한 지도력을 발휘해 당시 유엔직원의 막대한 신임과 존경을 받았다. 따라서 그가 1961년 콩고에서 공식적인

다그 함마르셸드
ⓒ UN Photo/JO

업무를 수행하다가 비행기 사고로 순직하였을 때, 유엔뿐 아니라 전 세계는 엄청난 충격에 빠졌으며 대다수 사람들은 '이젠 유엔의 미래도 끝났다'라고 탄식할 정도였다. 헨리 듀센Henry P. Van Dusen은 그를 가리켜 "국제기구의 역사에서 다그 함마르셸드와 같은 중심 역할을 한 사람, 또한 그의 죽음에 임해 전 세계가 이처럼 깊은 공허감과 슬픔에 휩싸이게 한 사람은 전무후무하다"고 묘사했다. 사람들은 왜 그의 지도력에 열광했을까? 그는 어째서 지금도 이루 말할 수 없는 영향을 남기고 있는 것일까?

다그 함마르셸드는 얄마르 함마르셸드Hjalmar Hammarskjöld의 막내아들로 1905년 스웨덴에서 태어났다. 다그 함마르셸드는 노벨 재단 이사회 의장, 우플란드Uppland 지역 주지사, 제1차 세계대전 당시 스웨덴의 총리 등을 역임한 당대의 핵심 인물이다. 다그 함마르셸드는 아버지에게서 공무원의 표상을 배우고 자라났다. 또한 어머니에게서는 기독교 영향을 받았다. 그는 훗날 "학자들과 성직자들이 많았던 외가 쪽에서 기독교의 근본정신인 '모든 사람은 하나님의 자녀로 평등하다'는 신념을 물려받았다"고 밝혔다.

평생을 독신으로 산 다그 함마르셸드는 웁살라 대학교(Uppsala University)를 우등으로 졸업하고, 1933년에는 경제학 논문

「The Spread of the Business Cycle」로 경제학 박사학위를 받았다. 이후 재정부, 스웨덴국립은행 이사회 의장 등 경제 관련 요직을 거쳐 1947년부터는 외무부 업무를 다루며 외무부 차관을 역임, 본격적인 국제관계 업무를 맡는다. 이러한 인연으로 1951년 제6차 유엔총회에서 스웨덴 대표단의 부단장으로 유엔에 입성한 그는 사임한 트리그베 리에의 뒤를 이어 1953년 제2대 사무총장으로 선출된다.

국제정치계에서는 생소했던 다그 함마르셸드의 유엔사무총장 선출은 사실 강대국들의 선호가 반영된 결과였다. 전임자와는 달리 정치적이지 않고, 조용히 행정적인 역할을 수행할 사무총장으로서 다그 함마르셸드를 택한 것이다. 하지만 "세상에서 가장 매력적인 말없는 사람"에게 '세상에서 가장 불가능한 업무'를 맡게 한 강대국들의 판단은 머지않아 큰 착오였음이 드러난다. 그의 유엔사무총장 지도력은 뒷날 "역대 최고의 역동적인 지도력"으로 간주된다.

다그 함마르셸드가 유엔사무총장으로 집무를 시작할 당시 유엔은 "단순한 토론집단"에 불과했다고 묘사되었다. 그 또한 확연히 논란을 피해가는 국제공무원으로 비쳤기에 초창기 그를 바라보는 사람들은 '제2의 에릭 드럼먼드'라는 평가를 내리기도 했다. 전임자인 트리그베 리에를 통해 유엔사무총장이 얼마나 약한지 경험한 사람들은 함마르셸드에게 그리 많은 기대를 하지는 않았다.

하지만 다그 함마르셸드는 '북경법칙'에서와 같이 유엔정신의 확고한 신념을 바탕으로 사무총장직을 수행하기 시작했다. 안보리 상임이사국들은 예상치 못한 강력한 유엔사무총장의 등장에 당혹해 했다. 유엔 회원국의 다수를 차지하는 신생 독립국가와 약소국가들은 다그 함마르셸드를 열렬히 지지하기 시작했다. 1950년대 후반 당시 소련의 당서기 호루시초프가 "우리는 함마르셸드를 신뢰할 수 없다"며 신발을 집어 유엔회의장의 책상을 두들겼다는 일화는 유명하다. 호루시초프는 또한 "서방진영, 동구진영, 제3세계에서 각각 한 명씩 유엔사무총장을 선출해 권력을 서로 견제하자"는 '유엔사무총장 삼두체제'를 제안했다. 헨리 듀센은 "호루시초프는 전혀 의도하지 않았겠지만 그가 보여준 일련의 해프닝이야말로 다그 함마르셸드가 구축한 유엔사무총장의 역할이 얼마나 강력했는지를 보여주는 증거"라고 말한다.

'빈 공간이 있으면 채워라'

1958년 두 번째 임기를 시작한 다그 함마르셸드는 유엔총회에서 발언을 통해 유엔사무총장으로서 자신이 추구할 지도력이란 무엇인지 밝혔다.

> 유엔이 추구하는 평화와 안보를 지켜나가는 데 만약 어떠한 공백이라도 나타난다면, 유엔사무총장이 어떠한 지침 없이도 그 공백을 메우도록 행동하는 것이 유엔헌장의 정신과 궤를 같이 하는 것이라 믿는다.

소위 '빈 공간 채우기'라는 이 논리는 유엔의 집단안보체제가 교착상태에 빠지게 되었을 때, 유엔사무총장이야말로 평화와 안전의 '공백을 채울 수 있는' 유일한 유엔의 '법적 기구'라는 생각에서 비롯되었다. 받은 지시나 기대되는 역할뿐 아니라 상황에 따라 창조적인 행동까지도 불사하겠다는 다그 함마르셸드의 유엔사무총장 역할론은 역대 그 누구의 것보다도 광대하고 역동적이었다.

제2대 사무총장이 지도력을 어떻게 발휘했는지 알기 위해 1956년 발생한 두 국제사건 – 수에즈운하 사태와 헝가리 사태 – 을 병행해서 살펴보자. 1956년 이집트대통령으로 당선된 나세르는 미국 등 서방측의 '아스완하이댐' 건설 원조 중단에 반발해 아랍민족주의를 표방하게 된다. 이러한 강경한 태도는 결국 당시 영국과 프랑스에게 운영권이 보장되었던 수에즈운하 국유화 선언으로 이어지며, 영국과 프랑스를 앞세운 이스라엘의 이집트 침공으로 제2차 중동전쟁이 일어난다.

이를 해결하기 위해 모인 안보리 이사국들은 두 안보리 상임이사국(영국과 프랑스)이 직접 관련된 문제를 다루는 데 적극적이지 못했다. 이러한 지지부진한 논란과 줄다리기 끝에 다그 함마르셸드는 자신에 대한 '재신임 투표'를 요청하면서 유엔헌장의 원칙에 입각한 평화유지 노력에 동참할 것을 공개적으로 요구했다. 이에 영국과 프랑스는 마지못해 '평화유지를 위한 유엔사무총장의 역할'을 인정했고, 다그 함마르셸드는 유엔 최초의 평화유지군이라 불리는 UNEF(United Nations

Emergency Force)의 이집트 파견을 속행했다.

같은 해에 발생한 헝가리 사태는 부다페스트에서 발생한 반정부시위를 진압하기 위해 소련 군대가 출동하면서 시작되었다. 이를 해결하기 위해 유엔사무총장은 "헝가리에서 외국 간섭을 중지할 수 있는 방법들을 최대한 빨리 보고하라"는 유엔총회의 명령을 받았다. 이를 수행하기 위해 다그 함마르셀드는 자신의 현지방문을 포함한 유엔감시단의 파견을 시도했지만 소련의 반대로 실패했다. 여담이지만 반기문 유엔사무총장은 사무총장 취임식사에서 1956년 헝가리 사태 때 다그 함마르셀드에게 보내는 긴급 유엔지원 청원서를 초등학교 대표로 뽑혀 낭독한 적이 있다고 소개했다.

수에즈운하와 헝가리 사태는 유엔사무총장 역할의 가능성과 한계를 보여주는 매우 좋은 사례라고 할 수 있다. 가능성이란 먼저 종종 최악의 상황으로 발전해가는 국가들 간의 분쟁에 유엔사무총장이 조금이나마 변화를 줄 수 있다는 희망을 뜻한다. 한계란 유엔사무총장은 자신이 활동하는 정치 환경을 거스르면서까지 긍정적인 변화를 줄 수는 없다는 것이다.

수에즈운하 사태에서 분쟁 당사자인 영국과 프랑스 등은 원했든 원치 않았든 유엔 결의안을 준수할 의사를 표명한 반면, 헝가리 사태에서는 소련이 유엔총회 결의안 이행을 절대 반대했다. 같은 해에 발생한 두 건의 국제분쟁에서 다그 함마르셀드는 문제해결을 위해 갖가지 노력을 했다. 하지만 그를 둘러싼 국제정치 역학에 따라 그 노력의 결과는 달랐다는 점에서 유엔사무총장이 행사하는 지도력의 한계를 발견할 수 있다.

다그 함마르셸드의 재임기간 중 마지막으로 살펴볼 것은 콩고 사태다. 1960년부터 시작된 콩고 사태는 다그 함마르셸드가 유엔사무총장으로서 지닌 인식과 책임이 최대한으로 확장된 사례였다. 벨기에 지배를 벗어나 1960년 신생독립국으로 탄생한 콩고는 벨기에 등 외부세력과 일부 분리주의자들의 책동으로 내전에 휩싸인다. 독립과 동시에 유엔에 회원으로 가입한 콩고는 '즉각적인 유엔의 군사적 지원'을 요청했고, 유엔총회와 안보리는 다그 함마르셸드에게 "콩고 정부와 협의해 내전을 종식시키기 위한 가능한 모든 수단을 시행하라"는 결의안을 통과시켰다. 문제는 유엔이 협의해야 할 대상으로서 콩고정부가 정치적 당파에 따라 대통령파와 국무총리파로 나뉘었고, 서로 정통성을 주장하기 시작하면서 나타났다. 심지어 소련과 미국도 각각 콩고 정부를 지원하면서 콩고 사태는 냉전의 대리전 양상을 띠게 되었다. 함마르셸드는 기존의 유엔 결의안에서는 예상치 못한 초유의 사태를 맞이해 안보리에 이에 대응할 지시를 구했다. 하지만 안보리는 다시금 동서진영의 각축장으로 변한 뒤였기에 사무총장에게 대응책을 마련해주지 않았고, 유엔사무총장은 오히려 필요한 조치를 취하지 않고 있다고 비난받기 시작했다.

결국 다그 함마르셸드는 자신의 판단에 기초해 콩고정부와 협의하기 시작했고, 소련은 친공산주의 계열인 콩고 국무총리파를 배제한 것에 대해 거세게 비난하고 항의했다. 설상가상으로 당시 국무총리였던 루뭄바가 대통령 지지자들에게 살해되면서, 소련은 다그 함마르셸드를 '유엔 육군원수' '세계정부 국무총리' 등으로 부르면서 즉각적인 사임을 요구했다. 이에 대해 다그 함마르셸드는 유엔총회에서 수차례 기립박수를 받은 일련의 연설을 통해 소련의 사임압력에 대항했다. "유엔을 원하는 것은 소련 혹은 다른 강대국들이 아니라 그 밖에 힘없는 모든 나라들이다." 다그 함마르셸드는 아프리카, 아시아 등지의 신생독립국, 중진국과 약소국들의 전폭적인 지지를 불러일으키며 소련이 기대했던 사무총장의 역할 한계를 뛰어 넘었다. 전임 사무총장인 트리그베 리에가 결국 소련의 압력에 굴복할 수밖에 없었던 것과 달리 이 전설적인 사무총장은 소련의 압력에 직접 대항하기보다 유엔이 강대국들의 또 다른 허수아비가 되기를 원치 않았던 대다수 유엔 회원국을 통해 간접 대응에 나선 것이다. 물론 함마르셸드의 이러한 전략은 성공했고, 이것이 비슷한 냉전시대에 재임했음에도 초대 사무총장과 제2대 사무총장의 운명이 달랐던 한 가지 이유가 되기도 했다.

소련이 한 발 뒤로 물러섬에 따라 콩고의 지도자들을 만나 협상을 진행하려던 다그 함마르셸드는 콩고 현지에서 의문의 비행기 추락사건으로 순직한다.

그의 성공요소에 대해 일견에서는 아시아 아프리카 신생독립국의 대거 유엔 회원국 가입 등 '상황적인 운' 때문이었다고 평가절하기도 하지만 그의 창조적이며 도전적인 지도력이 아니었던들 당시의 유엔은 '제2의 국제연맹'으로 전락할 가능성이 무척 높았다. 제7대 사무총장 코피 아난은 다그 함마르셸드를 기리는 행사에서 다음과 같은 말을 했다.

"유엔사무총장으로서 새로운 도전과 위기에 닥칠 때마다 나는 '다그 함마르셸드라면 어떻게 행동했을까?'라고 자신에게 묻게 된다."

## 우 탄트

오늘날 우리가 싸워야할 전쟁이 있다면 그 전쟁의 목표는 이 세계가 다양성을 존중하는 안전한 곳이 되도록 만드는 것이다.

- 우 탄트
(제3대 유엔사무총장, 재임 1961~1971)

### 첫 개발도상국 출신 사무총장

1961년 다그 함마르셸드의 급작스런 사망으로 당시 미얀마의 주유엔대사인 우 탄트U Thant가 '사무총장 대리'를 거쳐 안보리와 유엔총회의 만장일치를 받고 첫 개발도상국 출신이자 아시아 출신 사무총장으로 취임하게 되었다. 취임 뒤 우 탄트는 자신이 사무총장으로 임명된 이유를 "조국인 미얀마가 동서 양 진영에서 벗어난 비동맹국가이기 때문"이라고 언급했다.

우 탄트
© UN Photo/Yutaka Nagata

독실한 불교신자였던 우 탄트는 불교의 중용과 이해라는 높은 도덕적 원칙을 국제정치의 현실에 적용하려 노력했다. 전임자였던 다그 함마르셸드와 비교해 카리스마가 있거나 정치적으로 적극적이진 않았지만, 그의 청렴결백하고 도덕적인 행동은 세계에서 존경을 받았다. 이러한 배경으로 1964년 알제리 방문 시 우 탄트는 유엔사무총장으로서는 처음으로 24발의 예포와 함께 국가 정상급 대우를 받았다. 이는 그 뒤에도 사무총장에 대한 하나의 의전 관례로 굳어져 오고 있다

1909년 당시 영국 식민지 치하의 미얀마에서 태어난 그에게 '금요일에 태어난 아이'에게 주로 붙이는 이름인, 탄트라는 이름이 붙었다. 탄트는 '깨끗하다'는 뜻이고, 우는 존경받는 사람에게 붙는 'Sir' 혹은 'Mr.'의 뜻이다. 그는 문학에 대한 열정으로 17살에 수도인 랑군Rangoon으로 상경, 훗날 초대 총리가 되는 우 누U Nu와 함께 대학생활을 했다. 당시 그를 아는 사람들은 "우 탄트는 참여자보다는 관찰자가 되었고, 사람들 험담을 절대 하지 않았다. 또한 주목받는 것을 꺼렸다"고 평가했다. 하지만 정보와 지식을 잘 정리해 사람들을 가르치는 일에 뛰어난 재능을 보인 우 탄트는 곧 중등 교사자격을 획득했다. 그는 19살의 젊은 나이에 귀향해 역사, 영어, 수학,

윤리 등을 가르쳤다. 전국교사시험에서 1등을 차지함으로 교사에 대한 전문성을 유감없이 발휘한 우 탄트에게 새로운 길이 열린 것은 1948년 미얀마 독립 때부터였다. 그의 절친한 친구 우 누가 초대 총리가 되면서 우 탄트에게 미얀마 독립국가 건설에 참여해 줄 것을 부탁했기 때문이다. 정보부, 총리실 등에 근무하던 우 탄트는 1957년부터 주유엔 미얀마대사로 근무하며, 특유의 낙천적 성격과 종교적 태도로 '본보기 외교관'이라는 별칭을 얻었다.

### '동서문제'와 '남북문제'의 길목에서

1961년 유엔사무총장으로 등극한 우 탄트가 처음 직면한 것은 전임 사무총장이 미처 해결하지 못하고 남긴 콩고 사태였다. 다행히 다그 함마르셸드 서거 후 안보리 등 유엔 회원국들은 콩고 해결을 위해 단합된 노력을 경주했고, 1964년에는 대부분의 유엔평화유지군이 콩고를 떠날 수 있었다. 우 탄트는 미소 냉전 구도하에서 운신의 폭이 무척 좁았다. 그런 상황을 감안한다면 그가 남긴 몇 가지 업적은 오히려 인상적이기도 하다.

전임자인 다그 함마르셸드와는 달리 우 탄트는 상임이사국들과 공개적인 갈등을 피하려고 애썼다. 대신 '조용한 접근'이라는 방식으로 세계 곳곳에 발생하는 무력 갈등을 해결하려고 했다. 그 중 하나가 1962년 미-소간에 전쟁으로 치닫을 뻔한 쿠바 위기였다. 소련이 쿠바에 미국을 향해 미사일 기지를 건설하면서 촉발된 이 위기는 어느 쪽에서도 중재 요청을 받지 않은 우 탄트가 긴급하게 중재에 들어감으로써 해결의 실마리를 찾게 되었다. 우 탄트는 긴급 안보리 회의에서 "두 국가가 사태를 평화적으로 해결하기 위해, 현 상황에서 모든 군사적 준비행동을 중단하고 서로 시간을 가져야 한다"고 주장했다. 핵전쟁으로까지 퍼질 수 있던 이 사태는 우 탄트의 적실하고도 조화로운 예방외교 노력을 통해 양국이 서로 체면을 살린 채 해결의 실마리를 찾게 되었다.

우 탄트의 이러한 노력에 대해 할랜드 클리브랜드Harland Cleveland는 "사무총장을 통해 유엔이 중개자 역할을 수행함으로써 케네디 대통령과 후루시초프 소련 당서기 간 대립이 평화적으로 해결될 수 있었다"고 높이 평가했다. 우 탄트의 이러한 예방외교는 유엔이 핵전쟁 위기에 성공적으로 개입한 첫 사례로 기록되고 있다.

제3세계 개발도상국 출신으로서 우 탄트는 '남북문제'에 많은 관심을 기울여, 유엔의 자원이 특별히 개발도상국의 개발쟁점에 집중되도록 많은 관심과 노력을 기울였다. 이는 그가 "경제 문제가 해결이 되지 않을 경우 결국 정치 문제들보다 더욱 위태로운 결과를 낳을 수 있다"고 보았기 때문이다.

우 탄트가 임기 말년에 남긴 또 다른 업적은 그의 인도주의적 구호활동과 관련이 있다. 우 탄트는 "천재지변, 내전 등으로 사람들의 목숨이 경각에 달려있을 때에는 별도의 결의안 없이도 유엔헌장이 유엔사무총장에게 부여한 임무에 기초해 인도주의적 구호활동을 펼쳐야 한다"고 주장했다. 이는 안보리 또는 유엔총회의 결의안을 기다리며 그저 방관할 수밖에 없었던 기존 유엔사무총장의 한계를 뛰어넘는 전례 없는 해석이었다. 이 과감한 주장은 1971년 당시 동파키스탄(현 방글라데시)에 발생한 대홍수와 잇따른 내전으로 900만 명에 달하는 이재민이 발생하자 동 국가의 요청으로 UNEPRO(UN East Pakistan Relief Operation)가 결성됨으로 실현되었다.

우 탄트가 남긴 유산은 무엇일까? 그는 헌장 99조에 보장된 유엔사무총장의 정치적 권리를 사용하는 데는 인색했지만, '조용한 외교' 등과 같은 우회적인 유엔사무총장 지도력과 인도주의적 구호작전에서 뛰어난 수완을 보였다. 또한 종종 우탄트의 소극적 성격이 당대 유엔까지도 무능하게 만들었다는 비판이 있지만, 오히려 당시의 안보리 기능이 동서냉전 갈등으로 비정상적으로 운영되었음을 이해한다면, 이는 사무총장이 전적으로 비판받을 것은 아니라고 평가된다.

사상 초유로 3선 연임을 제안 받은 우 탄트는 '해방되었다'는 말을 남기고 '속세의 짐'을 벗어버렸다. 뉴욕 유엔본부에서 내려다보이는 허드슨 강의 작은 암초는 그의 이름을 따서 우 탄트 섬(U Thant Island)이라고 불리고 있다.

### 쿠르트 발트하임

유엔은 유엔이 돕고자 하는 세상을 비추는 거울, 그 이하도 그 이상도 아니다.

- 쿠르트 발트하임

(제4대 유엔사무총장, 재임 1972~1981)

**나치 장교가 사무총장이 되었다?**

역대 유엔사무총장 지도력에 순위를 매긴다면 중간 순위를 예측하는 것은 어려울지라도 최고 점수와 최저 점수의 사무총장을 꼽아보는 것은 비교적 쉽다. 가장 평가가 낮은 불명예스런 사무총장으론 단연 제4대 사무총장, 쿠르트 발트하임Kurt Waldheim이 뽑힌다. 그는 왜 최악의 유엔사무총장으로 기억되었을까?

제4대 유엔사무총장이 최악의 사무총장이라는 구설수에 오른 것은 그의 제2차 세계대전 시절과 직접 관련이 있다. 그의 회고록에서 쿠르트 발트하임은 자신의 나치 복무에 대해 처형당할 가족을 보호하기 위해 어쩔 수 없는 선택이었으며, 자신은 나치에 비판적이었다고 밝히고 있다. 하지만 추후 발굴된 자료를 통해 쿠르트 발트하임이 독일군 정보장교로서 유태인 학살에 간접적으로 관련되었다는 의혹이 끊임없이 제기되면서, 그를 선출한 유엔의 신뢰와 이미지도 큰 타격을 받게 된다.

쿠르트 발트하임은 1918년 제1차 세계대전이 끝날 무렵 오스트리아에서 태어났다. 당시 오스트리아는 오스트리아-헝가리 제국의 해체로 신생 공화국의 길을 걸어야 했고, 그 과정에서 많은 사회적 혼란이 야기되었다. 1938년 독일이 오스트리아를 다시 병합하고 제2차 세계대전이 발발했을 때 쿠르트 발트하임은 독일군 장교로 소집 복무하게 된다. 제대 후 전쟁이 계속되는 상황 속에서도 법학을 전공해 박사학위를 받은 쿠르트 발트하임은 1945년 오스트리아 외무고시를 통과해 외교관으로서 경력을 쌓기 시작한다. 다자

쿠르트 발트하임
ⓒ UN Photo/Yutaka Nagata

협력과 유엔과 관련된 요직을 거친 발트하임은 우 탄트가 3선 연임을 고사하자 전례 없는 안보리 비밀투표를 거쳐 그 내막이 잘 알려지지 않은 채 제4대 유엔사무총장으로 임명된다.

우 탄트 전 사무총장이 일구어 놓은 얼마 동안의 발전을 바탕으로 새로운 기회에 선 유엔은 쿠르트 발트하임 사무총장의 등극으로 그 동력을 상당부분 잃어버린다. 그것이 우연의 결과였는지 혹은 현상 유지를 바란 유엔 회원국의 의지가 반영된 결과였는지는 확실치 않다. 한 가지 확실한 것은 쿠르트 발트하임의 취임으로 유엔이 유엔 역사상 가장 최저점을 향해 내려갔다는 여러 비평가들의 논평이 존재한다는 것이다.

사무총장 취임 첫 해인 1972년 크리스마스에 쿠르트 발트하임은 당시 유엔주재 미국대사였던 조지 부시(41대 미국대통령, 43-44대 대통령 조지 W. 부시의 아버지)에게 인상적인 선물을 받는다. 망치, 드라이버, 못 등이 포함된 도구상자 미니어처였다. 예상치 못한 놀라움과 함께 동봉된 카드에는 "이 상징적인 도

구들로 세계의 문제들을 해결하는 데 도움이 되길 바라며"라는 글이 적혀 있었다. 조지 부시가 보낸 미니어처가 하나의 반의적 징조가 되었는지, 쿠르트 발트하임은 그의 재임 10년 동안 '미니어처 유엔사무총장'이 되어, 있는 듯 없는 듯 유엔의 '수석행정관' 역할에 충실했다.

### 'UN Shop' 매니저

강대국들은 '유엔 가게'를 조용히 이끌 관리자가 필요했고, 발트하임은 그의 임기가 끝날 동안 안보리 상임이사국들을 놀라게 하거나 실망시키지 않고 확실히 관리자 역할에 충실했다. 소극적인 사무총장과 궤를 같이해 국제정치 분위기도 한몫 거들기 시작했다. 미소 강대국의 데탕트 시기와 더불어 당시 중공이 적극적인 대서방 친화외교를 추진하면서, 유엔은 국제정치계의 변두리로 밀려나게 되었다.

특히 1975년 "시오니즘(Zionism, 고대 유대인들이 고국 팔레스타인에 유대 민족국가를 건설하는 것을 목표로 한 유대민족주의 운동)은 인종차별주의다"라는 유엔총회 결의안이 통과되면서 유엔은 세계 여론의 혹평을 받는다. 비록 발트하임은 정치적 민감성을 파악해 결의안 통과를 저지했지만, 그가 구사할 수 있었던 능력은 매우 제한적일 뿐이었다. 어찌됐건 결의안을 통과시킨 기관의 수장으로서 쿠르트 발트하임은 유엔사무총장의 도덕적 권위에 손상을 받는다.

쿠르트 발트하임은 1976년 사이프러스 사태가 발생했을 땐 유엔헌장 제99조를 발동해 터키계 사이프러스와 그리스의 분쟁을 해결하기 위해 노력하기도 했다. 하지만 문제 해결에 직면하는 그의 기본 접근 원칙은 '회원국의 요청이 있을 때에만 사무총장이 개입한다'는 것이었다. 발트하임은 "사무총장이 아무런 요청이 없음에도 스스로 움직이려 하는 것은 지혜롭지 못한 처사이며 오히려 상황을 악화시킬 뿐"이라고 말했다.

쿠르트 발트하임의 재임 기간 중 특기할만한 사항으로는 유엔의 힘 균형이 변한 것을 뽑을 수 있다. 1961년에 미소 냉전에 끌려 다니던 유엔에 어느 진영에도 속하지 않는 새로운 정치세력, 소위 비동맹운동(the Non-Aligned Movement)이 등장한 것이다. 몇 년 뒤인 1964년엔 개발도상국의 경제사회개발을 도모하기 위한 '77그룹(현재는 133개 회원국)'까지 탄생했다. 이러한 흐름은 결국 1974년 유엔특별총회에서 불공정한 무역과 경제구조를 타파하기 위한 개발도상국, 비동맹국가 주축의 '신국제경제질서(New Economic International Order)'라는 선언으로 이어지기도 했다.

쿠르트 발트하임의 사무총장 선출은 유엔에 소중한 교훈을 남겨주었다. 안보리의 입김에 따라 무능력한 사무총장이 선출될 수도 있다는 위기와 이를 방지하기 위해 유엔총회가 단순히 안보리의 추천을 승인하는 거수기 역할을 벗어나야 한다는 것이었다.

토마스 보우드레우Tomas E. Boudreau는 "발트하임의 10년 재임 동안 국제평화와 안보 영역에서 특히 아무런 근원적인 개혁과 혁신이 없었다는 것이 그리 놀랍지 않다"고 평가한다. 하지만 그에 대해 현실적인 평가를 내려야 한다는 분석도 있다. 당시 유엔에 대한 세계의 냉소와 무관심 속에서 발트하임이 할 수 있는 최선의 역할은 그야말로 관리자밖에는 없었다는 것이다. 종종 발트하임의 재임 10년이 '유엔의 잃어버린 10년'이라고 묘사되는데, 그보다는 변하지 않는 혹독한 국제정치의 냉혹한 추위를 피하기 위해 어쩔 수 없었던 '유엔의 10년간의 동면'이라 표현할 수도 있다. 발트하임 자신도 1975년 "유엔사무총장으로서 내 역할은 무엇보다 의례용 역할"일 뿐이라고 자조적으로 솔직히 평가했다. 유엔사무총장이라는 '줄타기'의 관점에서 발트하임처럼 신중하고 조심스러운 사무총장은 앞으로도 찾기 어려울 듯하다.

1981년 3선에 도전한 쿠르트 발트하임은 중국의 반대로 실패했다. 1986년 고국인 오스트리아에서 대통령으로 당선된 발트하임은 나치 군복무 경력으로 미국에 입국금지를 당했고, 많은 국가의 지도자들에게 예방이나 초청 등을 받지 못했다. 유엔비엔나사무소(UNOV: UN Office in Vienna)는 사무총장으로서는 유일하게 발트하임의 초상화를 1층 로비에 전시해 놓았다.

**페레스 데 쿠에야르**

유엔사무총장은 세계의 모든 문제를 자신의 문제로 본다는 관점에서 세계시민이라 할 수 있다. 유엔헌장이 자신의 고향이며 이데올로기이고, 헌장의 기본 원칙들은 스스로 지켜야 하는 도덕적 원칙이 된다.

— 페레스 데 쿠에야르
(제5대 유엔사무총장, 재임 1982~1991)

## 상상치 못한 유엔사무총장 선출

제5대 유엔사무총장이었던 쿠에야르Javier Perez de Cuellar는 페루 출신으로 1920년에 태어났다. 평생을 변호사와 직업외교관으로 지낸 쿠에야르는 페루 대표단의 일원으로 첫 유엔총회에 참석했고, 당시 트리그베 리에가 총회 석상에서 초대 사무총장으로 임명되는 것을 지켜보았다. 훗날 그는 자신의 회고록 『The Pilgrimage for Peace』에서 당시의 광경을 회상하면서 미래에 자신이 유엔사무총장이 될 것이라고는 전혀 생각지 못했다고 밝혔다. 그때가 쿠에야르가 26세 되던 1945년이었다.

이후로 그는 주유엔 페루대사와 두 번에 걸쳐 안보리 의장을 역임하면서 유엔이 운영되는 방식과 구조를 체험한다. 특히 안보리 의장 경험은 쿠에야르에게 안보리의 구조적 한계와 무시할 수 없는 안보리의 존재에 대한 균형 잡힌 시각을 지니게 해주었다. 이는 훗날 그가 사무총장으로 재임했을 때 국제연맹의 드럼먼드가 취한 것과 비슷한 '조용한 외교' 노선을 걷게 만드는 주요한 원인이 되었을 것이다.

1975년경 당시 유엔사무총장이었던 발트하임에게 유엔환경계획(UNEP) 사무총장 자리를 권유받은 쿠에야르는 환경 분

페레스 데 쿠에야르
ⓒ UN Photo

야에 대한 자신의 경험이 일천하다는 이유로 고사한다. 이혼과 재혼 등 어려움을 겪은 뒤 외교관 생활에서 은퇴하려고 하던 쿠에야르를 발트하임이 붙잡았다. 이번에는 '사이프러스 유엔특사'를 맡아달라는 요청이었다. 이미 안보리 의장으로서 사이프러스를 둘러싼 터키와 그리스 분쟁을 맡아본 쿠에야르는 발트하임의 요청을 받아들여, 페루의 직업외교관에서 본격적인 국제공무원의 길로 들어선다.

1981년 유엔사무차장 직에서 사임하고 페루로 돌아가 브라질대사로 임명 받은 쿠에야르는 본국의 정치상황에 따라 임명이 부결되는 악운을 겪는다. 하지만 그와 동시에 유엔에서는 그의 이름이 차기 사무총장 후보 중 한명으로 고려되고 있다는 소식을 듣게 된다. 사실 쿠에야르는 제4대 사무총장인 발트하임의 3선 도전이 중국의 거부로 실패했을 때까지만 하더라도 차기 사무총장 후보로 거론조차 되지 않았다. 비록 페루의 유엔주재 대사로 있었고, 두 번이나 안보리 의장 역할을 했음에도 쿠에야르는 본성적으로 두각을 나타내는 유형이 아니었다. 발트하임에 이어 다른 유력주자였던 탄자니아의 살림 살림Salim Salim마저 미국이 거부 의사를 밝힘에 따라 쿠에야르는 가족과 함께 머무르던 휴양지에서 '그 자신도 절대 상상치 못한' 소식을 듣는다. 안보리가 14대 1로 그를 제5대 유엔사무총장으로 유엔총회에 추천했다는 소식이었다.

### 마지막 '트리오 유엔사무총장'

라틴아메리카 출신으로서 첫 유엔사무총장으로 재임한 쿠에야르는 제2대 사무총장 함마르셸드 이후 '트리오(Trio)'라 불리던 세 명의 유엔사무총장 중 마지막 주자이기도 했다. 3대 우 탄트, 4대 쿠트 발트하임과 5대 쿠에야르는 모두 냉전 시대에 사무총장으로 재임했고, '트리오'가 사무총장으로 있던 때의 유엔은 실제적인 영향력에서 퇴조를 보이던 시기였다. 쿠에야르도 이러한 사실을 인지했다. 그의 첫 유엔 연례보고서에 "우리는 아슬아슬하게도 새로운 국제 무정부시대에 근접해 있다"고 탄식했다. 사실 쿠에야르가 더 힘겹게 싸워야 했던 것은 냉전 구도라기보다는 국제사회가 유엔에 갖는 '무관심' 그 자체였을 것이다.

1982년에서 1991년까지 두 번의 임기를 채운 쿠에야르의 유엔사무총장직 수행은 각각의 임기가 확연한 차이를 드러낸다. 첫 임기가 동서냉전의 영향을 강하게 받았던 반면, 1987년부터 시작된 두 번째 임기는 냉전 시대를 '졸업'하고 '냉전 이후 시대'에 새로이 '입학'했기 때문이다.

먼저 쿠에야르는 첫 번째 임기(1982~1986) 동안 동서냉전 구도로 인해 재량껏 발휘할 수 있는 지도력의 폭이 그리 크지 않았다. 전임 발트하임 사무총장이 그런 것처럼 쿠에야르도 미·소 강대국의 틈바구니와 비동맹운동의 각축 속에서 유엔을 이끌어야 하는 어려움을 겪어야 했다. 그를 둘러싼 국제정치의 구조도 숨 막혔지만, 사실 쿠에야르의 유엔사무총장 지도력에 대한 접근도 그리 인상적이지 않았다. 유엔사무총장을 오랫동안 연구한 레온 고덴커Leon Gordenker는 "쿠에야르는 트리그베 리에나 함마르셸드 등이 고안한 다양한 이니셔티브를 시도하려 하지 않았고 단지 전례가 있는 역할들에만 머무르려 했다"고 평가했다.

쿠에야르가 유엔사무총장으로 취임한 원년인 1982년 발발한 포클랜드 전쟁은 이처럼 미약한 모습을 그대로 보여주는 사례로 볼 수 있다. 포클랜드 전쟁은 1982년 아르헨티나의 영국령 포클랜드 섬 강제점령에서 비롯되었다. 쿠에야르는 라틴 아메리카 출신 사무총장이라는 이점에도 과감한 승부수를 띄우지 못한 채 중재에 실패했다. 결국 자존심을 건 전쟁에서 영국과 아르헨티나는 각각 상당한 인명손실과 전비를 지출했다. 이를 통해 유엔의 무능에 대한 비판도 거세지게 되었다.

쿠에야르가 첫 번째 임기만을 마치고 물러났더라면 역대 유엔사무총장 평가에서 매우 낮은 점수를 받았을 것이다. 하지만 급작스런 냉전 종식과 더불어 쿠에야르는 두 번째 임기에서 인상적인 사무총장 지도력을 발휘한다. 사실 '조용한 외교'로 대표되는 유엔사무총장 역할에 대한 그의 시각은 첫 번째 임기와 두 번째 임기 기간 동안 거의 동일했다고 보인다.

그럼에도 두 번째 임기가 끝날 무렵 노벨 평화상 후보자로 추천되고, 퇴임사 후엔 기립박수를 받으며 유엔총회장을 빠져나갈 수 있었던 중요한 이유 중 하나는 그를 둘러싼 유엔의 정치 환경이 급변했기 때문이다.

즉 쿠에야르는 '탈냉전 허니문'을 만끽한 첫 유엔사무총장이었다. 탈냉전과 함께 지구촌 곳곳에는 미국과 소련의 협력을 통한 적극적인 유엔 활동이 만개하기 시작했다. 때를 같이 해 '때마침' 유엔사무총장으로 재임하고 있던 쿠에야르의 역할도 덩달아 증가하기 시작했다. 하지만 증가한 많은 부분의 역할은 이전 유엔사무총장들처럼 자발적으로 발휘한 지도력이라기보다는 안전보장이사회의 결의에 따른 수동적인 성격을 띠었다. 탈냉전은 기실 유엔사무총장이 냉전시대에 겪어야만 했던 '수갑'을 풀어주었지만, 한편으론 안보리의 대유엔 영향력을 강화시켜 오히려 유엔사무총장을 '해방된 집사'로 강등시키는 아이러니를 만들기도 했다.

특히 이라크의 쿠웨이트 침공을 둘러싼 유엔의 논의 과정에서 유엔사무총장의 입지는 그 어느 때보다도 작아 보였다. 침공과 관련해 많은 결의안들이 통과되었지만 쿠에야르가 실질적으로 움직일 수 있는 공간은 없었다. 이에 대해 당시 예멘 대표단은 "유엔사무총장이 중재 등 자신의 고유 역할을 하도록 하는 내용의 결의안이 안보리에서 통과된 지 꽤 오래되었다"고 말한 적이 있다.

쿠에야르는 '조용한 외교관' 역할을 자신의 두 임기 동안 지속적으로 펼쳐갔다. 이는 그가 첫 임기와 두 번째 임기 동안 확연히 대조되는 국제정치 구도 아래에서도 초대 사무총장 트리그베 리에와는 다른 비교적 무리 없는 역할을 수행할 수 있었던 이유였다.

**부트로스 부트로스 갈리**

> 국제화와 파편화는 현재 세계에 영향을 주는 두 가지 큰 흐름이다. 점차 늘어나는 요구들과 이에 반해 감소하는 자원들로 유엔이 고전을 하고 있는 이때에 유엔사무총장의 역할이야말로 두 문제를 해결하는 데 절대 중요하다.
> – 부트로스 갈리
> (제6대 유엔사무총장, 재임 1992~1996)

최고의 희망, 최악의 결론

유엔 안팎에서 부트로스 갈리Boutros Boutros Ghali만큼 다양한 논란을 이끈 유엔사무총장도 드물 것이다. 아프리카권 또는 아랍권으로서는 첫 유엔사무총장으로 아랍어로 사무총장 취임선서를 한 부트로스 갈리는 5년간의 재임기간 중 카리스마에 바탕을 둔 유엔사무총장의 역할을 추구했다. 언론들은 '제2의 함마르셸드'가 탄생했다고 떠들었고, 그의 역할에 안보리 이사국들도 많은 기대를 갖고 그에게 유례없는 역할까지 부여하는 결의안까지 통과시켰다. 그렇지만 한창 부풀어 오른 기대감이 적잖은 당혹과 실망감으로 바뀌기까지는 재임까지 갈 필요도 없이 그의 5년 첫 임기만으로도 충분했다.

부트로스 갈리
ⓒ UN Photo/Milton Grant

부트로스 갈리는 1922년 이집트의 부유한 콥틱 기독교도의 집안에서 태어났다. '부트로스'라는 말은 '베드로(Peter)'를 칭하는 콥틱식 아랍어이고, '부트로스'라는 이름이 두 번이나 반복되는 이유는 그의 할아버지이자 이집트 총리로서 암살당한 '부트로스 갈리 Boutros Ghali'의 이름을 땄기 때문이다. 1946년 카이로대학(Cairo University)을 졸업하고 파리대학(University of Paris)에서 박사학위를 취득한 부트로스 갈리는 1977년까지 25년이 넘게 국제법과 국제관계를 강의했다. 이후 이집트 외무담당 국무장관으로 임명되어 1991년까지 굵직굵직한 외교 현안을 맡아오던 갈리는 프랑스의 추천으로 첫 아프리카 출신 유엔사무총장으로 선출되기에 이르렀다.

부트로스 갈리가 유엔사무총장으로 선출될 즈음의 유엔은 전임자였던 쿠에야르가 누리려 한 탈냉전 이후의 '신세계 질서'로 들뜬 분위기에 가득 차 있었다. '신세계 질서'란 당시 미국 대통령이었던 부시(44대 조지 W. 부시 대통령의 부친)가 말한 것으로 이라크의 불법 침략행위에 응징하기 위해 생성된 국제적 협력 분위기를 두고 고무되어 지칭한 말이다. 전례 없이 높아진 국제협력 분위기가 유엔으로서도 무척 반가웠을 것이다.

처음으로 세계 각국의 정상들이 안보리 회의에 참석한 1992년 '안보리 정상회담'에서 부트로스 갈리는 "분쟁을 종식하고 평화를 재건하기 위한 청사진을 제출하라"는 임무를 부여 받는다. 이러한 종류의 회담도 전례가 없었거니와 유엔사무총장의 역할에 대해서도 이는 꽤 역사적인 사건으로 기록될 만하다. 유엔헌장에 따르면 평화와 안보를 담당하는 것은 안전보장이사회인데, 유례없이 그 일부 책임이 유엔사무총장에게 위임되었기 때문이다. 이와 관련해 훗날 부트로스 갈리도 자신의 자서전에서 "역대 어떤 사무총장보다도 더 많은 권한과 책임을 맡게 되었고, 유엔 역사상 전례 없는 안보리의 위임까지 받았다"고 쓰고 있다.

그럼에도 왜 재임에 실패했는가?

부트로스 갈리의 사례는 한 가지 단순한 법칙을 떠오르게 한다. 즉 기대가 많으면 많을수록 실망도 커진다는 것이다. 오랜 교수생활을 통해 얻은 학자풍 지도력을 그대로 유엔사무총장 자리까지 끌고 온 부트로스 갈리는 자신을 '정치인'으로 생각했다. 사실 그를 상대한 유엔 직원들은 '이것을 해라' '이것은 하지 마라'는 식으로 직설적으로 지시하기 좋아하는 부트로스를 편하게 생각하지 않았다. 부트로스 갈리는 유엔사무총장의 정치적 역할에 대해 다그 함마르셸드와 비견될 정도로 적극적인 시각을 가졌다. 사실 강력한 유엔사무총장 지도력에 대한 그의 의지는 함마르셸드를 능가했다고 할 수 있다.

안보리의 위임에 따라 부트로스 갈리가 1992년 내놓은 '평화를 위한 제언'은 그가 지닌 뚜렷한 전망을 유감없이 보여주고 있다. 안보리 이사국의 확대 개편 및 '유엔군' 역할을 할 '유엔 신속 대응군' 창설을 골자로 하는 유엔 개혁안은 결론적으로 상임이사국의 역할을 상대적으로 축소하고, 유엔사무총장의 역할을 강화할 수 있는 제안들이었다.

함마르셸드가 '국제공무원'에 대한 자신의 진보적인 생각을 밝혔던 옥스퍼드대학 강연시리즈에 부트로스 갈리도 초청을 받게 되었다. 그곳에서 부트로스는 "만약 단 한 가지 단어로 사무총장의 역할을 설명해야 한다면, 그것은 '독립성'이다"라고 선언했다. 훗날 그는 "유엔사무총장이라는 자리를 정치적인 방법으로 획득했기 때문에 나는 '정치적인 지도자'가 되어야 했다. 정치적인 사무총장이 되기 위해서는 독립성을 강조해야 하는데, 독립성을 강조하는 것은 결국 나를 정치적으로 몰락시킬 수 있는 위험한 것이었다"라고 회고했다. 그의 예견대로 그의 독립적인 유엔사무총장 역할론은 이후 그를 정치적으로 암살시키는 한 가지 내적 요인으로 작용한다.

전임자였던 쿠에야르와는 반대로 부트로스 갈리는 안보리의 비공식 회의에 거의 참석하지 않았다. 투표가 이루어지는 공식회의와는 별도로 비공식 회의는 사실상 각 회원국들의 이해관계가 조율되고 협의되는 결정적인 경로라고 볼 수 있다. 그럼에도 부트로스는 이를 바쁜 사무총장이 참석하기에는 시간낭비라고 보았고, 결국엔 유엔사무총장으로서 필수적인 '줄타기'에서 점차 균형을 잃기 시작한다. 그뿐 아니라 전임 사무총장들이 중요한 사안일 경우 상임이사국의 의향을 확인하고 지지를 얻기 위해 먼저 배포한 각종 문건의 초안들도 부트로스 갈리에게는 거의 회람시키지 않았다.

임기 초창기에 부트로스 갈리는 앞서 살펴보았듯이 안보리의 지지를 받으며 '평화를 위한 제언'을 내놓는 등 전례 없는 고양된 분위기를 맞이했다. 이때가 그가 맞이한 최고의 전성기였으리라. 전성기의 기쁨도 잠시, 부트로스 갈리는 취임한 다음해인 1993년을 고비로 유엔사무총장의 행보에 큰 제약을 받는다. 부트로스 갈리가 "부자들의 전쟁"이라고 혹평한 1992년 보스니아 사태를 시작으로, 1993년 소말리아에서 평화유지군의 일환으로 파병된 미군 일부가 전사하면서 유엔의 평화유지 능력에 대한 전 세계의 비난이 쏟아진 것이다(소말리아의 동 사건은 「블랙호크다운Black Hawk Down」이라는 영화에서 매우 사실적으로 그려져 있다). 부트로스 갈리는 초창기 보스니아 사태에 유엔 개입을 거부했고, 소말리아에서는 미국을 포함한 적극적인 유엔의 개입을 주장했다. 두 상황이 모두 악화되자 미국은 유엔을 비난했고, 자연스럽게 그 비난은 부트로스 갈리에게 향했다. 이에 대응해 부트로스 갈리는 미국이 제때에 평화유지군 비용과 병력을 제공하지 않았기 때문이라고 맞불을 놓았다. 비록 그 자신은 몰랐지만 이때가 부트로스 갈리가 '줄타기'에서 떨어지던 순간이었다.

취임 시 유엔개혁을 추진하고 재임에 도전하지 않겠다고 밝힌 부트로스 갈리는 유엔개혁이 미진함을 내세워 연임을 시도했다. '14대 1'이라는 압도적인 표차에도 그는 미국이 내놓은 단 하나의 거부권으로 재임에 실패한다. 부트로스 갈리의 사례는 유엔사무총장이 주의 깊게 건너가야 할 '줄타기'의 불가피성을 잘 보여주고 있다. 유엔사무총장이 자신의 역할을 적극적으로 해석하든, 소극적으로 해석하든 변함없이 지켜야하는 것은 유엔의 주권국가들이 언제라도 유엔사무총장의 역할을 제한할 수 있다는 현실 감각이다. 사무총장 스스로 그 균형을 깨고 한쪽으로 지나치게 기울어질 때 깨진 균형을 바로잡기란 거의 불가능해 보인다. 다그 함마르셀드는 기울어진 균형을 당시 제3세계 국가들을 주축으로 한 신생회원국의 지지로 벌충했지만, 부트로스 갈리는 균형을 잡기 위한 섬세한 노력에 주의를 기울이지 않았다. 그 결과는 그가 회고록에서 밝혔듯이 '안보리가 자신을 정치적으로 암살하도록 재촉'하게 되었다.

  유엔총회에서 행한 퇴임사에서도 그는 앞서 옥스퍼드 연설에서 말한 것과 똑같이 "유엔사무총장의 역할이 어떠해야 하는지 나타내는 단 하나의 단어를 택해야 한다면, 그것은 독립성이다"라고 다시 한 번 강조했다. 스탠리가 잘 지적했듯이 "유엔사무총장의 유용성을 포기하면서까지 얻은 독립성"이야말로 부트로스 갈리를 가장 잘 나타내는 유산일 것이다.

## 코피 아난

각국 정부들의 지원을 얻지 못한다면, 나는 각 국민들의 지지를 얻어낼 것이다. 국민은 자국 정부를 움직일 수 있기 때문이다.

- 코피 아난
(제7대 유엔사무총장, 재임 1997~2006)

### 평직원에서 사무총장으로

코피 아난Kofi Annan, 그는 스타플레이어였다. 대중적 친화력과 언론 대응력이 뛰어났던 코피 아난은 자신뿐 아니라 그가 이끄는 유엔까지 점차 멀어지던 국제사회의 중심 무대로 화려한 복귀를 가능케 했다. 또한 유엔의 전문직원 중 가장 말단(P-1)에서 시작해 유엔사무총장까지 다다른 그의 역량은 유엔 직원들 사이에서 끊임없는 영감과 자신감의 근원이 되고 있다.

1938년 당시 영국 식민지였던 골드 코스트(현재의 가나)에서 유력한 부족장의 아들로 태어난 코피 아난은 '금요일에 태어난 소년'이란 의미의 '코피'란 이름을 갖게 되었다. 식민지 상황을 뼈저리게 경험한 코피 아난은 그가

코피 아난
ⓒ UN Photo/Sergey Bermeniev

19살 되던 해 경험한 가나 독립을 통해 '변화란 가능하다'는 것을 깊숙이 확신하게 된다.

포드 재단의 후원 아래 미국 미네소타의 매칼레스터 대학(Macalester College)을 다니고, 그 뒤 스위스 제네바에서 경제학 석사 학위를 받은 코피 아난은 세계보건기구(WHO)에서 행정 예산담당관으로 유엔에 첫 발을 내딛게 되었다. MIT에서 경영학 석사를 받고 가나로 돌아가 가나관광개발공사에서 조국의 개발 사업에 뛰어들었으나 현실의 벽을 절감한 뒤 다시 유엔으로 복귀한다.

1987년 당시 쿠에야르 사무총장의 발탁으로 사무차장보로 승진한 코피 아난은 1990년 이라크에 억류된 외국인 석방을 위해 후세인과 협상을 시작했다. 결국 900여명의 유엔직원을 포함한 외국인 구류자의 협상에 성공해 능력을 인정받아 유엔의 사업기획, 예산 및 재정을 다루는 핵심 분야의 사무차장보로 임명되었다. 그 뒤 부트로스 갈리 치하의 유엔에서 코피 아난은 사무차장보 자리 중에서도 가장 까다롭다고 알려진 평화유지군 담당으로 자리를 옮겼다. 당시 국제적으로 무려 17개나 되는 평화유지군 활동이 이루어지는 등 세계는 탈냉전 이후 새로운 분쟁 확산의 위기를 경험했다. 이때 코피 아난은 르완다 대학살, 보스니아 사태 등 분쟁 해결에서 유엔의 가능성과 한계를 동시에 경험한다.

당시 유엔사무총장이었던 부트로스 갈리가 미국의 절대적인 반대로 재임에 실패하면서, 5년 남은 아프리카 '몫' 사무총장 자리가 코피 아난에게 돌아간다. 고국인 가나로 돌아갈 마음을 먹고 있던 코피 아난은 주위 사람들에게 '너무 부드러워서 사무총장감이 아니다'라는 평을 받고 있었지만 그렇게 예상치 못하게 유엔의 전면에 등장하게 되었다. 그가 예상 외로 펼친 초기의 인상적인 유엔개혁과 새천년개발계획 등 세계의 이상 제시 능력은 2002년 신임 사무총장 선출 시 아시아 지역 배분이라는 관례를 깨고 그가 만장일치로 재임하게 만드는 큰 요인이 되었다.

유엔을 새로운 반열에 올려놓다

취임 후 12개에 달한 방만한 사무국 조직을 5개로 통폐합하고 1000여 명의 직원감축을 단행한 코피 아난은 다그 함마르셸드 이후 가장 적극적이고 진보적인 발걸음을 내딛는 유엔 사무총장으로 자리 잡기 시작했다.

코피 아난 사무총장의 가장 눈에 띄는 업적은 유엔뿐 아니라 국제사회가 지향해야 할 공통의 이상을 제시했고, 그에 따라 유엔을 국제사회의 주요한 행위자로 복귀시켰다는 데에 있다. 그는 산만하게 펼쳐진 유엔활동을 안보, 개발, 인권 등 3개의 주력 방향으로 결집시켰다. 특히 '인권 문제가 함께 고려되지 않는 개발은 진정한 개발이 아니다'라는 관점에서 인권을 안보와 개발 쟁점에 적극 접목시켜 나갔다.

코피 아난은 특히 '인도주의적 개입'이라는 새로운 개념을 확신시키는 데 앞장섰다. 이는 주권국가가 자국민을 보호하는 데 실패할 경우, 국제사회가 방관하지 않고 인도주의적인 간섭에 나설 수 있다는 유엔의 책임 의식을 과감히 선포한 것이다. 인도주의적 위기가 닥칠 때, 마냥 행정적인 사태 수습 역할에 그치지 않고 사태 악화를 막기 위해 유엔이 개입할 수도 있다는 이러한 적극적인 해석은 그가 왜 유엔 안팎에서 종종 '제2의 다그 함마르셸드'라 불리는지 잘 설명해주고 있다.

이와 더불어 21세기 벽두에 세계 정상들이 모여 한 목소리로 지지를 확인한 새천년개발계획은 코피 아난이 유엔사무총장으로서 남긴 가장 영향력 있는 유산이라고 할 수 있다. 2015년까지 구체적인 목표 달성 시한으로 빈곤감퇴, 질병예방 등 전 지구적인 8대 목표를 수립해 전 회원국이 추구할 하나의 이상을 제시하는 데 성공했다.

아프리카 출신의 코피 아난은 특히 갈수록 사회, 경제적 지표가 악화되는 아프리카에 선진국의 지원과 관심을 촉구했다. 그렇다고 코피 아난이 무조건적인 아프리카 편을 든 것은 아니다. 아프리카에서 열린 한 회의에서 한번은 상당수 아프리카 국가의 비민주적 정부운영과 인권문제 등에 관해 코피 아난이 신랄한 비판을 가했다. 이를 들은 한 아프리카 정부 관리는 그에게 다가와 "우리 앞에서 그런 쓴 소리를 하고난 뒤에도 린치를 당하지 않고 유일하게 이 자리를 뜰 수 있는 사람이 당신이다"라고 말했다.

코피 아난은 유엔사무총장으로서 항상 주의해야 할 균형 잡힌 '줄타기'를 하는 데 많은 노력을 기울였다. 특히 효과적인 유엔 운영을 위해서는 미국의 지원과 협력이 절대적임을 잘 인식하고 있었다. 10년간의 재임을 마무리하던 2006년 말 그는 워싱턴포스트에 '내가 배운 것'이라는 글을 기고해 "미국이 선견적인 지도력을 발휘할 때 국제사회는 더욱 효과적으로 운영될 수 있다"고 말했다. 재임 기간 안에 '친미 사무총장'이라는 비판에 시달려야 했던 코피 아난으로서도 인정할 수밖에 없는 유엔사무총장으로서 간파한 '10년간의 교훈'이었다. 그렇다고 비판받은 대로 미국의 눈치만을 본 것은 아니었다. 미국의 이라크 전쟁을 앞두고 '유엔의 인증을 받지 않고 실시하는 어떤 무력제재 조치도 불법'이라고 강변했다. 그러나 결국은 개시된 전쟁을 바라보며 코피 아난은 정신쇠약으로 당분간 입원을 해야 할 정도였다.

이라크 문제는 훗날 그가 OFF(Oil-for-Food) 스캔들에 휘말리게 되면서 다시 한번 그를 곤궁에 빠뜨린다. OFF 프로그램이란 이라크에 경제제재 조치를 한 뒤에 일반 국민들의 생활수준 악화를 방지하기 위해 고안된 프로그램으로 이라크의 석유를 수출해 얻은 수익을 일반국민들을 위해 사용하는 획기적인 착상이었다. 이 과정 속에서 일부 수익이 후세인에게 전달되는 등 부적절한 운영 사례가 포착되고, 특히 코피 아난의 아들 코조Kojo가 부적절한 뇌물수령 혐의를 받게 되면서 유엔과 코피 아난 사무총장의 도덕성은 큰 타격을 입었다.

2001년 9.11테러와 함께 테러리즘이라는 새로운 국제적 논쟁을 감당해야만 한 코피 아난은 아이러니하게도 그 해에 유엔과 공동으로 노벨평화상을 수상했다. 브라이언 우어카트 Brian Urquhart는 "코피 아난에겐 운이 따르지 않았다. 미국의 정치 지도자들이 그토록 이데올로기주의자들만 아니었더라면, 그는 다그 함마르셸드를 능가하는 반열에 오를 수 있었을 것이다"라고 평했다.

# 반기문 유엔사무총장의 지도력

한번은 유엔사무총장 관련해서 책을 쓰고 있는 미국의 한 교수가 이메일을 보낸 적이 있다. 반기문 사무총장의 종교는 무엇이며, 그의 지도력 유형은 어떤지 물어보는 내용이었다. 외국의 한 언론에서는 반 사무총장의 영문 이름 중 'Moon'을 근거로 해서 '반기문 사무총장은 통일교 신자'라고 오보하기도 했다. 유엔사무총장의 지도력을 이해하기 위해서는 개인의 특성뿐 아니라 그가 속한 국가와 지역의 문화와 배경까지도 이해해야 하는데, 반기문 사무총장의 경우 외국 사람들이 간단하게 파악하기 힘들다.

유엔사무총장은 문화적, 지정학적 배경을 지니고 있다. 그것이 좋든 싫든 유엔사무총장의 역할을 수행할 때 영향을 미치는 것이 사실이다. 그리고 그것이 어느 정도는 각각의 사무총장이 다른 사무총장들과 다르게 행동할 수 있는 강점이 되기도 한다. 중립국 출신인 다그 함마르셸드는 강대국에 중립적인 태도를 견지했고, 제3세계 출신인 미얀마의 우탄트는 개발도상국이 겪는 어려움을 그 누구보다도 잘 알았기에 제3세계 운동에 더욱 많은 관심을 기울였다. 마찬가지로 아프리카 출신인 코피 아난은 유엔의 많은 역량을 관심이 필요하나 잊혀진 자신의 고향 대륙 아프리카로 이끄는 데 성공했다. 최초 한국인 출신이자, 아시아 출신으로서는 두 번째인 반기문 사무총장의 강점은 무엇일까?

세계의 유일한 분단국 출신으로서 반기문 사무총장은 우선 아시아 문제를 다루는 데 비교 우위를 가질 수 있다. 코피 아난이 재임 10년간 유엔의 큰 쟁점이었던 북한을 한 번도 방문한 적이 없는 이유 중 하나는 그의 비교 우위가 아시아가 아닌 아프리카에 있었기 때문이었다고 볼 수 있다. 반면 외교관이자 외교부 장관으로서 북한 문제를 비롯한 핵무기 확산방지 조약, 지역협의체 등에 관여한 그의 경험은 분명 아시아 문제를 다룰 때 그의 확실한 강점 중 하나일 것이다. 반기문 사무총장은 취임 이전에도 기회가 있다면 북한을 직접 방문할 것이라 밝혀 이에 대한 관심과 열정을 보여주었다. 유엔에 대해 비판적인 견해를 지닌 보수주의 연구소인 헤리티지재단 총재 퓰러 박사도 이런 점에서는 같은 견해를 지녔다. 필자와 한 인터뷰에서 퓰러 박사는 "반기문 사무총장이 북한과 관련해 쌓

반기문 현 유엔사무총장
ⓒ UN Photo/Evan Schneider

은 과거의 경험이 분명 유엔과 유엔사무총장 자신에게 실질적인 도움을 줄 것이다. 역대 어떤 유엔사무총장도 지난 반세기 동안 풀리지 않은 북한 문제에 대해 반 사무총장만큼 더 좋은 관점과 지식을 갖고 있지 않다"고 답했다.

두 번째 강점은 개발 영역이다. 새천년계발계획과 관련해 유엔은 2015년까지 제시된 8개의 개발 목표에 근접하기 위해 모든 역량을 쏟고 있다. 전쟁의 폐허에서 시작해 개발도상국의 과정을 거쳐 온 한국 출신으로서 반기문 사무총장은 '무엇이 개발도상국에서 통하고, 통하지 않는지'에 대한 경험적 사고를 갖추고 있다. 192개 유엔 회원국 다수가 자신을 개발도상국으로 인식하고 있는 점에서, 반기문 사무총장이 파악하고 있는 '개발도상의 의미'는 큰 강점이 아닐 수 없다. 국제쟁점을 다루는 NGO인 'Citizens for Global Solutions'의 폴 스콧은 반기문 사무총장을 "선진국과 개발도상국 사이의 틈을 이어줄 매우 이상적인 자격을 갖추었다"고 평가했다.

반기문 유엔사무총장의 셋째 강점은 '카리스마가 없는 듯 보이는 유연한 모습'이다. 약점으로 보이는 이러한 태도도 다른 각도에서 보면 그만이 실행할 수 있는 독특한 장점이 될 수 있다. 이러한 이미지는 부트로스 갈리와는 반대로 '덜 위협적이고, 접근 가능한' 이미지이기 때문에 융합자, 조정자로서 유엔사무총장 기능을 더욱 강화하게 된다. 분명 카리스마라 불리는 한 가지 지도력 측면의 관점에서 반기문 사무총장은 불리하다고 볼 수 있지만, 다양성을 존중하고 융합해야 하는 유엔의 현실에서 그의 '조정자' 특성은 더욱 큰 영향을 발휘할 수 있기 때문이다. 반기문 사무총장도 스스로 "나는 겉으로는 부드러워 보일 수 있지만, 강한 내면의 힘을 가지고 있다"고 밝혔다.

역대 유엔사무총장의 지도력을 분석해보면, 단순하지만 가끔 간과되기도 하는 중요한 원칙을 발견하게 된다. 즉 자신의 비교 우위, 자신의 강점에 몰두했을 때 더욱 큰 성과가 예측된다는 것이다. 따라서 반기문 사무총장도 외부에서 간혹 제기되는 '이상 제시의 부재' '전략의 부재'와 같은 비판에 휩싸일 필요가 없을 것이다. "유엔은 그 동안 많은 이상과 약속을 외쳐왔지만, 그 실행에서는 동일한 열정을 보이지 않았다"고 스스로 분석했듯이, 반기문 사무총장은 이전에 쏟아져 나온 각종 이상과 전략의 실천을 선택할 수 있다. 위에서 분석한 몇 가지 비교 우위와 더불어 그동안 비판받은 구체적 실천에 집중해 나갈 때, 반기문 사무총장의 지도력은 훗날 하나의 위대한 유산으로 남을 수 있을 것이다.

# 참고문헌

### 유엔 & 유엔사무총장
Gordenker Leon, 『The UN Secretary-General and Secretariat』, 2005.
Heather Docalavich, 『The History and Structure of the United Nations』, 2007.

### 트리그베 리에
Trygve Lie, 『In the cause of peace: Seven Years with the United Nations』, 1954.

### 다그 함마르셸드
Dag Hammarskjöld, 『Markings』, 1963.
Heller Peter B, 『The United Nations Under Dag Hammarskjöld, 1953~1961』, 2001.

### 우 탄트
U Thant, 『View from the UN: The Memoirs of U Thant』, 1978.

### 쿠르트 발트하임
Kurt Waldheim, 『In the Eye of the Storm』, 1985.

### 페레스 데 쿠에야르
Perez de Cuellar, Javier, 『Pilgrimage for Peace: A Secretary-General's Memoir』, 1997.

### 부트로스 부트로스 갈리
Boutros-Ghali, Boutros., 『Unvanquished: A U.S.-U.N. Saga』, 1999.

### 코피 아난
Stanley Meisler, 『Kofi Annan: A Man of Peace in a World of War』, 2006.
John Tessitore, John., 『Kofi Annan: The Peacekeeper』, 2000.

반기문
신웅진, 『바보처럼 공부하고 천재처럼 꿈꿔라』, 명진출판사, 2007.

인터넷 http://www.un.org/sg/

## 유엔사무총장

초판인쇄 2007년 9월 28일 | 초판발행 2007년 10월 5일
지은이 김정태
펴낸이 심만수 | 펴낸곳 (주)살림출판사
출판등록 1989년 11월 1일 제9-210호

주소 413-756 경기도 파주시 교하읍 문발리 파주출판도시 522-2
전화번호 영업·(031)955-1350   기획편집·(031)955-1357
팩스 (031)955-1355
이메일 salleem@chol.com
홈페이지 http://www.sallimbooks.com

ISBN 978-89-522-0714-2 04080
      89-522-0096-9 04080 (세트)

\* 잘못된 책은 구입하신 서점에서 바꾸어 드립니다.
\* 저자와의 협의에 의해 인지를 생략합니다.

값 9,800원